RÉSONANCES
Collection dirigée par Étienne CALAIS

Le mythe antique dans le théâtre du XXe siècle

par Olivier GOT
Agrégé de Lettres classiques
Docteur ès-Lettres
Professeur en classes préparatoires
au lycée Paul-Valéry

Dans la même collection

RÉSONANCES PROGRAMMES 98-99

Programme Premières
- Étude sur *Les Châtiments* de V. Hugo, par M.-G. Slama.
- Étude sur *Les Confessions* (I-IV) de J.-J. Rousseau, par D. Dumas.
- Étude sur *Le mythe antique dans le théâtre du XXe siècle*, par O. Got.
- Étude sur *Électre* de J. Giraudoux, par O. Got.
- Étude sur *Antigone* de J. Anouilh, par M.-F. Minaud.
- Étude sur *La Machine infernale* de J. Cocteau, par D. Odier.
- Étude sur *Amphitryon 38* de J. Giraudoux, par A. Faucheux.
- Étude sur *La guerre de Troie n'aura pas lieu* de J. Giraudoux, par M. Brumont.
- Étude sur *Les Mouches* de J.-P. Sartre, par A. Beretta.
- Étude sur *Les Mains sales* de J.-P. Sartre, par J. Labesse.

Programme Terminales
- Étude sur *La Chute* de A. Camus, par F.-J. Authier.
- Étude sur *Nouvelles de Pétersbourg* de N. Gogol, par M. Niqueux.
- Étude sur *Éthiopiques* de L. S. Senghor, par A.-M. Urbanik-Rizk.

RÉSONANCES MÉTHODIQUES
- Enrichir son vocabulaire. Jeux et leçons de style (2des, Premières, Terminales), par J. Lambert.
- Rédiger avec élégance. Jeux et leçons de style, par J. Lambert.
- Maîtriser l'orthographe et la grammaire. Jeux et leçons de style, par J. Lambert.

Épreuves anticipées de français
- Le premier sujet : étude d'un texte argumentatif, par H. Marguliew.
- Le deuxième sujet : commentaire littéraire ou étude littéraire, par M. Bilon et H. Marguliew.
- Le troisième sujet : la dissertation littéraire, par P. Collet.
- L'oral de français, par P. Sultan.

Épreuves de Terminales
- Méthodologies de l'épreuve de Lettres des Terminales L et ES, par V. Boulhol.

RÉSONANCES HORS-PROGRAMME – ÉTUDES SUR…
• *Le Père Goriot* de H. de Balzac, par A.-M. Lefebvre • *Les Fleurs du Mal* de Ch. Baudelaire, par M.-G. Slama • *La Modification* de M. Butor, par B. Valette • *Jacques le Fataliste* de D. Diderot, par D. Gleizes • *L'Amant* de M. Duras, par D. Denes • *Un barrage contre le Pacifique* de M. Duras, par J. Bardet • *Dom Juan* de Molière, par O. Leplatre • *Le Misanthrope* de Molière, par P.-H. Rojat • *La Confession d'un enfant du siècle* de A. de Musset, par D. Pernot • *Sylvie* et *Aurélia* de G. de Nerval, par M. Faure • *Manon Lescaut* de L'Abbé Prévost, par P. Caglar • *Un amour de Swann* de M. Proust, par É. Jacobée • *Le Parfum* de P. Süskind, par G. Bardet • *Vendredi ou les limbes du Pacifique* de M. Tournier, par F. Épinette-Brengues • *Les Nouvelles orientales* de M. Yourcenar, par C. Barbier.

ISBN 2-7298-4853-3

© ellipses / édition marketing S.A., 1998
32 rue Bargue, Paris (15e).

La loi du 11 mars 1957 n'autorisant aux termes des alinéas 2 et 3 de l'Article 41, d'une part, que les « copies ou reproductions strictement réservées à l'usage privé du copiste et non destinées à une utilisation collective », et d'autre part, que les analyses et les courtes citations dans un but d'exemple et d'illustration, « toute représentation ou reproduction intégrale, ou partielle, faite sans le consentement de l'auteur ou de ses ayants droit ou ayants cause, est illicite ». (Alinéa 1er de l'Article 40).
Cette représentation ou reproduction, par quelque procédé que ce soit, sans autorisation de l'éditeur ou du Centre français d'Exploitation du Droit de Copie (3, rue Hautefeuille, 75006 Paris), constituerait donc une contrefaçon sanctionnée par les Articles 425 et suivants du Code pénal.

LE MYTHE ANTIQUE DANS TOUS SES ÉTATS

Ce sont Homère et Hésiode qui, dans leurs poèmes,
ont fixé pour les grecs une théogonie, qui ont
attribué aux dieux leurs qualificatifs, partagé
entre eux les honneurs et les compétences, dessiné
leurs figures.

(Hérodote, II, 53)

Hector : Je vous demande si c'est beau, la Grèce sans Hélène ?
Hélène : Merci pour Hélène.
Hector : Enfin, comment est-ce, depuis qu'on en parle ?
Hélène : C'est beaucoup de rois et de chèvres éparpillés sur du marbre.

(Giraudoux, *La Guerre de Troie n'aura pas lieu*, I, 8)

On trouve dans le Petit Robert la définition suivante du mythe :

> Récit fabuleux, souvent d'origine populaire, qui met en scène des êtres incarnant sous une forme symbolique des forces de la nature, des aspects de la conscience humaine.

Le mot lui-même vient de *muthos*, qui veut dire parole, discours, récit ; à partir de là, il se spécialise dans le sens de **fable, légende**, c'est-à-dire d'un récit imaginaire, appartenant à un groupe social donné, transmis de génération en génération, mis en forme et modifié par les poètes, qui enferme un sens symbolique. Il s'oppose alors au *logos*, la raison, à l'œuvre dans l'histoire, la philosophie, la science.

Le mythe est lié par là à la tradition orale, au charme de la parole, qui use de l'imagination, du merveilleux, de la séduction, alors que le *logos*, lié à l'écrit, permet plus de recul, de retour sur ce qui a été dit et pensé, et aussi plus d'abstraction, de souci de la vérité, plus d'équité enfin entre les hommes. L'écrit en effet permet le débat, l'échange des idées et des sentiments, comme dans le théâtre ou les dialogues de Platon, alors que le mythe met en scène un *aède** et son auditoire, dont l'ordre d'écoute est la fascination.

À partir de *mythe*, les grecs ont formé le mot « *mythologie* », avec le double sens d'**étude des fables**, et de **recueil de fables**. Pour nous la mythologie est, avant tout, justement, la mythologie grecque.

I. UN RÉCIT FABULEUX

Le mythe raconte une histoire avec des personnages exemplaires, une action, un cadre spatio-temporel. Il peut se situer dans un temps mal défini (« en ce temps-là »), raconter les origines du monde (cf. la *Genèse* dans la Bible), et des dieux (cf. la *Théogonie* d'Hésiode), ou au contraire un épisode historique précis, mais dont on a perdu le souvenir exact et que l'on a recréé idéalement (la guerre de Troie, connue à travers les poèmes d'Homère, ou celle de Charlemagne contre les Sarrazins, évoquée dans la *Chanson de Roland*, premier poème de la littérature française).

Les lieux peuvent être le cosmos, ou un point précis de la terre, comme le Mont Olympe, en Thessalie, séjour des dieux grecs, mais le passage de l'un à l'autre appartient souvent à la magie. **Le cadre** (niveau de civilisation, organisation sociale et politique, us et coutumes, état de la paix et de la guerre, etc.), peut varier à l'infini, suivant le degré d'historicité ou de symbolisme que le récit véhicule. **Les personnages** sont en général des dieux, des héros et des monstres (le chien Cerbère, l'Hydre de Lerne). les héros sont, soit de nature mi-divine mi-humaine, comme Hercule, fils de Zeus et d'une mortelle, Alcmène, soit des êtres doués de pouvoirs prodigieux.

L'action, enfin, à partir d'un geste initial (création du monde, crime odieux, fléau qui s'abat sur une population), va provoquer la mise à l'épreuve d'un ou de plusieurs héros, confrontés à une série de personnages et de forces divines ou magiques, de nature hostile ou bénéfique, jusqu'à la résolution du conflit initial.

II. UN RÉCIT PLASTIQUE

La coutume est d'opposer, dans la tradition judéo-chrétienne, **révélation** et **mythe**. La première en effet s'appuie sur un *corpus* révélé par Dieu, l'ensemble des livres constituant la Bible, écrits sous sa dictée par les prophètes et les évangélistes, révélation qu'il est impossible de modifier sans risque de trahir la parole divine. La mythologie, au contraire, n'existe qu'à travers les poètes qui en ont traité des épisodes, au gré de leur fantaisie et de leurs intentions. Il n'y a donc pas de texte « princeps », de texte initial intangible, encore que, comme l'indique Hérodote dans le passage de son *Histoire* cité en exergue*, Homère pour les grecs ait joué ce rôle. À la limite, selon l'ethnologue Claude Lévi-Strauss, chaque version du mythe, de l'antiquité à nos jours, est valable en soi, ni plus ni moins qu'une autre. Seul diffère le talent poétique, dramatique et humain du poète. On verra que cet aspect du mythe, toujours semblable à lui-même et toujours différent, est essentiel pour notre sujet, puisqu'il permet par exemple de relier Homère à Giraudoux à travers la guerre de Troie (l'*Iliade* et l'*Odyssée, La Guerre de Troie n'aura pas lieu*), ou Eschyle et Sartre avec l'histoire des Atrides (l'*Orestie, Les Mouches*). Il est donc toujours possible de **reprendre inlassablement des figures** comme Antigone, Œdipe, ou Electre, de modifier les données, les personnages, les épisodes, **sans en trahir le fond**, à condition bien sûr de respecter au minimum le fil de la légende.

Les anciens eux-mêmes n'ont pas cessé de se livrer à ce jeu, allant même parfois jusqu'à la caricature chez les poètes comiques (Aristophane) et les philosophes sceptiques (Lucien). L'âge classique, à partir de la Renaissance et de la redécouverte des textes et de la culture antique, a continûment interrogé la mythologie, l'épopée et le théâtre grecs, pour en tirer les chefs-d'œuvre que l'on sait.

III. UN RÉCIT SYMBOLIQUE

C'est qu'en effet le mythe recèle en lui-même **un sens qui transcende son apparence**. Dans la mythologie grecque, foisonnante, les dieux sont nombreux et représentent chacun des forces ou des fonctions de la nature ou de la société : Zeus (le Jupiter des latins) est le dieu des phénomènes atmosphériques et le garant de l'ordre cosmique et social ; Arès (Mars) est le dieu de la guerre, Aphrodite (Vénus), la déesse de l'amour et de la beauté, etc. Chacun de ces dieux a sa naissance, son histoire, ses amours, ses ressentiments, ses sympathies, ses aventures, relatés et enjolivés par les poètes et illustrés par les peintres et les sculpteurs. En somme les dieux grecs et leurs homologues latins ressemblent beaucoup à des hommes, dont ils sont des projections agrandies.

Mais les mythes ont **des significations souvent complexes**, que les philosophes, dès l'antiquité, ont cherché à décrypter. Ils peuvent avoir un sens **géographique** (Carybde et Scylla sont des monstres qui éprouvent les marins dans le détroit de Messine, les travaux d'Hercule se situent souvent dans le Péloponnèse), **historique** (les Romains ont rattaché leur lointain passé aux héros troyens en se faisant passer pour les descendants d'Enée, fils de Priam, roi de Troie (cf. l'*Enéide* de Virgile), **cosmique** (Hésiode raconte dans sa *Théogonie* la naissance des dieux et des hommes, met en valeur le rôle de Prométhée dans l'histoire de l'humanité), **moral** (Hercule et ses travaux personnifient les épreuves qui permettent à l'homme de purifier son existence), **biologique** (Coré, la fille que Déméter, la déesse des moissons, a eue de Pluton, le roi des enfers, est obligée de passer la moitié de l'année sur terre, l'autre dans les enfers, ce qui symbolise le cycle de la végétation), **politique** (dans l'*Odyssée*, plusieurs états de la société humaine apparaissent à travers les personnages des Cyclopes, du royaume d'Eole, de celui d'Alcinoüs, roi des Phéaciens), etc. Ainsi, dès l'époque archaïque, les anciens ont reconnu au mythe **une valeur d'enseignement et de vérité**. **Les mythes d'Homère**, en particulier, ont fourni aux penseurs grecs une mine d'interprétations allégoriques, qui transposent les mythes dans le langage de la cosmologie*, de la physique, de la morale ou de la métaphysique. Platon lui-même est allé plus loin : quand il n'oppose pas le *muthos* au *logos* en expulsant le premier de sa cité idéale de la République, le philosophe crée des mythes originaux pour exprimer sa pensée sur des sujets difficiles : le mythe de la Caverne par exemple traduit mieux qu'un long discours la nécessaire conversion de l'âme à la contemplation des Essences (*République*, VIII).

IV. DES LECTURES PLURIELLES

– L'interprétation traditionnelle des mythes y voit **l'expression d'une mentalité prélogique** ; les hommes ne pouvant expliquer scientifiquement les phénomènes et les réalités dont ils étaient entourés ont inventé des fables poétiques afin d'expliquer l'univers. De fait toutes les civilisations reposent sur des **récits fondamentaux**, transmis de génération en génération, et actualisés dans des rites au cours desquels les dieux sont censés réapparaître et revivre tel ou tel épisode de leur histoire, ou remercier les hommes de leurs offrandes et de leurs prières. Certains cultes à mystères (ceux d'Eleusis par exemple) permettaient à l'initié d'entrer en rapport direct avec l'au-delà.

– Les philosophes antiques ont cherché comme on l'a vu des **explications allégoriques*** au mythe, de nature philosophique ou morale : par exemple dans l'*Odyssée*, selon Platon et les Pythagoriciens, l'épisode au cours duquel la magicienne Circé change en pourceaux les marins d'Ulysse, illustrerait la croyance en la métempsychose* : pendant sa vie terrestre, l'âme se ravale au ras de la bête ; par contre, le retour des marins à l'apparence humaine, sous l'autorité d'Ulysse aidé par Hermès, symbole de la raison divine, représente la purification de l'âme après ses réincarnations.

– Les modernes, eux, ont d'abord mis en relation les mythes avec **les autres aspects d'une civilisation** : structures de la parenté, vie économique et sociale, droit pénal, règles de l'héritage, pratiques alimentaires, etc. Nous verrons par exemple le lien de l'histoire des Atrides avec l'évolution du droit criminel en Grèce. Ainsi, souvent les mythes, dont les épisodes touffus semblent gratuits ou incompréhensibles, s'éclairent à la lumière de tel ou tel usage ou croyance.

– **La psychanalyse** a permis de nouvelles interprétations des mythes, qui deviennent, pour Jung et Freud, **l'expression de l'inconscient**.

Carl-Gustav Jung (1875-1961) voit dans le mythe **l'expression d'un inconscient collectif**, qui se révèle à travers un petit nombre d'archétypes* fondamentaux, dont l'*animus* et l'*anima*, pôles féminin et masculin ; l'anima peut être négative, et s'incarner par exemple en Circé, la « femme fatale » de l'*Odyssée*, ou positive, et devenir alors l'« Eternel féminin », dont Ariane, guidant avec son fil Thésée dans le labyrinthe, est une bonne image.

Sigmund Freud (1856-1939), lui, a construit sa psychanalyse sur le fameux « **complexe d'Œdipe** », élaboré à partir de la pièce de Sophocle *Œdipe roi*, et qui met en relation la tendance incestueuse de tout être humain dans son enfance à chercher l'union avec le parent de sexe opposé, et l'élimination du parent du même sexe. À partir de là beaucoup de mythes, à commencer par ceux des origines, trouvent leur explication, comme la rivalité de Zeus avec son père Kronos pour la possession de la Terre-Mère.

– Enfin la méthode structuraliste de Claude Lévi-Strauss s'inspire de **l'analyse linguistique** ; il s'agit de découvrir, derrière les flux du récit les éléments invariants qui en constituent la structure fondamentale. Pour cela l'ethnologue dégage dans les récits mythiques ce qu'il appelle des *mythèmes*, des « paquets de relations », qu'il dispose verticalement en colonnes. Ainsi fait-il apparaître d'une colonne à l'autre des oppositions et des correspondances constituant une structure logique renvoyant à des questions humaines fondamentales.

V. LES POÈTES ET LES MYTHES

– Pour Hérodote, le père de l'histoire, « ce sont Homère et Hésiode qui ont fixé pour les grecs une sorte de répertoire canonique des récits mettant en scène les puissances de l'au-delà, et relatant, à travers des mésaventures de toute sortes, leurs naissances, généalogies, rapports de famille, privilèges, fonction et domaines respectifs, rivalités et affinités, et leurs interventions dans le monde humain. » (J.P. Vernant).

Les deux poètes ont intégré leurs récits à des poèmes qui, par leur forme métrique et leurs genres, sont **l'héritage écrit d'une longue tradition orale**.

– Puis **les poètes élégiaques, lyriques, tragiques**, ont puisé dans le fonds commun de la mythologie en la traitant en toute liberté.

Pindare, poète lyrique, auteur de chants de victoires (épinicies*) en l'honneur des vainqueurs aux jeux sportifs (Olympiques, etc.) place au centre de sa composition un mythe qui en occupe jusqu'aux deux-tiers. Mais il arrive que le poète s'interrompe pour taire ou modifier un mythe qui le choque, et alors le mythe devient plutôt légende, récit exemplaire d'une conduite à imiter, et le vainqueur au jeu se situe par rapport à lui.

– Chez **les poètes tragiques**, l'écart avec la tradition orale d'origine est encore plus grand. Le fond du théâtre grec est emprunté à divers ensembles de mythes ou légendes (guerre de Troie et Retours (nostoï)* des héros dans leur pays, légendes thébaines, argiennes, etc.). Ils modifient le mythe sur des points importants (par exemple l'Œdipe de Sophocle ne meurt plus sur le trône de Thèbes, comme chez Homère, mais en exil, rejeté de tous, aux portes d'Athènes), et lui donnent une nouvelle dimension, à la fois éloignée du spectateur par le caractère suprahumain des personnages, dans l'émotion et dans l'horreur, et proche de lui par la présence des acteurs sur la scène.

La société évoquée par ces conflits internes à des lignées royales est par ailleurs d'un autre temps que celui de la démocratie athénienne au Ve siècle, et cet écart est souligné par l'irréalité des costumes et des masques ; mais en même temps les scènes dialoguées dans une langue relativement proche de celle des spectateurs et les discussions avec le chœur rapprochent les héros mythiques de l'homme ordinaire. Les légendes évoquées cessent ainsi d'être les exemples lointains des épinicies* pindariques. L'essentiel devient, à travers cette tension entre passé mythique et présent démocratique, **une réflexion sur le destin des personnages, le statut de l'homme, l'énigme de la condition humaine** en rapport avec la volonté des dieux, sans jamais apporter de réponse définitive, sinon souvent la nécessité de ne pas outrepasser les limites humaines, de ne pas offenser les dieux en s'abandonnant à l'*hybris**, à la « démesure ».

Une autre dimension qui rapproche les personnages tragiques du spectateur a été mise en valeur par le philosophe Aristote dans sa *Poétique*, c'est la fameuse **Catharsis, la « purification des passions »**, qui permet au spectateur de vivre en quelque sorte par procuration des émotions violentes ou hors nature, et ainsi de s'en libérer en les sublimant.

VI. LES POÈMES HOMÉRIQUES ET LA GUERRE DE TROIE

– À l'origine donc de la poésie grecque, **Homère**. Son existence légendaire se situe au VIIIe siècle av. J. C. On sait peu de choses de lui, sinon qu'il était aveugle, et était né en Asie mineure. Comme Démodocos dans l'*Odyssée*, c'était un aède*, c'est-à-dire un chanteur, qui récitait ses fragments poétiques en s'accompagnant sur la lyre et se rendait de ville en ville.

Nous possédons sous son nom l'*Iliade* et l'*Odyssée*, deux épopées écrites en vers (en hexamètres*), divisées tardivement en vingt-quatre chants (autant que de lettres dans l'alphabet grec). Il est probable que les deux poèmes ne sont pas, en fait, du même auteur, l'*Iliade* offrant des

caractéristiques stylistiques et archéologiques plus archaïques que celles de l'*Odyssée*.
Tous deux tirent leur origine de la **guerre de Troie**, qui mit aux prises, vers 1250 av. J. C., les peuples de la Grèce proprement dite, fédérés sous le commandement du roi de Mycènes et d'Argos, Agamemnon, contre Troie, la ville du roi Priam, située en Asie mineure (en Turquie actuelle, près de la côte est de la mer Egée). La cause en est mythique :

> Le beau Pâris, fils de Priam, avait été sollicité par les trois déesses Héra, Athéna et Aphrodite, pour désigner la plus belle des trois. Pâris offrit le prix de la victoire, une pomme, à Aphrodite, la déesse de l'amour. Pour le récompenser celle-ci lui accorda de séduire la plus belle des mortelles. Pâris enleva donc la belle Hélène, femme du roi de Sparte Ménélas, et la conduisit à Troie. En représailles, Agamemnon, frère de Ménélas, conduisit une expédition contre la ville, et l'assiégea pendant dix ans, sans succès, jusqu'à ce qu'Ulysse eût inventé une ruse victorieuse : un gigantesque cheval de bois, construit par l'architecte Epéios, bourré de soldats, fut introduit dans la ville par les Troyens, qui crurent à une nouvelle divinité. Après l'incendie de la ville et le massacre de ses habitants, les chefs grecs repartirent chez eux, emmenant captives et butin. Ces retours donnèrent lieu à des aventures nombreuses et diverses, dont celle d'Ulysse est la plus célèbre, et occupe à elle seule toute l'*Odyssée*.

– L'épopée homérique s'inscrit dans une **tradition orale** ; l'aède utilise des **scènes stéréotypées** (défis, combats, festins, funérailles pour l'*Iliade*, tempêtes, rencontres de peuples exotiques amis ou ennemis, reconnaissances pour l'*Odyssée*), et des *formules toutes faites* pour évoquer les moments du jour et de la nuit, les rites de la vie sociale et religieuse, ou les épithètes qui caractérisent chaque héros (« Ulysse aux mille ruses », « Achille aux pieds légers »).

Le sujet des deux poèmes est indiqué dès le premier vers : « Chante, déesse, la colère d'Achille », pour l'*Iliade*, « Dis-moi, Muse, l'homme qui tant erra » (c'est-à-dire Ulysse), pour l'*Odyssée*. Le premier poème, évoque un épisode particulier de la guerre, dû au ressentiment du fils de Pélée, Achille, furieux d'avoir vu sa captive Briséis revendiquée par le roi des rois Agamemnon, et ce qui s'ensuit ; le second un destin particulier, le retour d'Ulysse dans sa patrie, l'île d'Ithaque, à travers mille rencontres et embûches, ainsi que le massacre, à son retour, des prétendants de sa femme Pénélope, qui pillaient sa maison. Mais aucun des deux n'envisage la guerre de Troie, qui dura dix ans, dans son entier ; d'autres poèmes, disparus aujourd'hui, comblaient cette lacune, en formant le « Cycle épique ».

> L'*Iliade* conte les conséquences de la colère d'Achille : la guerre dure depuis près de dix ans ; la peste ravage le camp des Achéens (des grecs), vengeance envoyée par Apollon pour punir Agamemnon d'avoir offensé son prêtre Chrysès en ravissant sa fille Chryséis, et en refusant de la lui rendre ; finalement le roi accepte, mais exige à la place la captive d'Achille, Briséis. Achille, furieux, se retire du combat, et Zeus promet à Thétis, sa mère, de favoriser désormais les Troyens pour venger l'affront fait à son fils (I). À partir de là vont se succéder une série d'épisodes ou de

scènes célèbres : duel entre Pâris et Ménélas (III), exploits de Diomède (V) ; devant l' avantage des Troyens (VII-VIII), Agamemnon envoie Ulysse en ambassade chez Achille (IX), pour tenter de le ramener au combat, puis en reconnaissance dans le camp troyen (X) ; devant l'aggravation de la situation (XI-XIV), Patrocle, l'ami d'Achille, prend ses armes et rétablit la situation, mais tombe sous les coups d'Hector (XVI). La douleur pousse Achille à revenir au combat (XVIII) ; fou de rage, il tue un grand nombre d'ennemis, parmi lesquels Hector (XX-XXII) ; malgré les belles funérailles de Patrocle (XXIII), Achille outrage le cadavre d'Hector, mais accepte enfin de le rendre au vieux Priam, son père, venu solennellement le lui réclamer. Le poème s'achève sur les funérailles d'Hector (XXIV).

L'*Odyssée* conte essentiellement le retour d'Ulysse dans sa patrie, mais, chemin faisant, il évoque d'autres retours.

Le poème est divisé en trois grandes parties : les aventures de Télémaque, fils d'Ulysse, à la recherche de son père, que l'on attend depuis vingt ans (dix ans de guerre, dix ans d'errance sur la mer) (I-IV), les récits chez Alcinoüs, roi de l'île de Phéacie (Corfou), voisine d'Ithaque, où Ulysse aborde à la fin de ses aventures, après avoir perdu tous ses marins, au cours desquels il raconte, dans un gigantesque retour en arrière, ses aventures (V-XIII), le massacre des prétendants à son retour à Ithaque, et ses retrouvailles avec Pénélope, sa femme (XIV-XXIV).

Parmi les personnages marquants qui ont inspiré Giraudoux dans *La Guerre de Troie n'aura pas lieu*[1] (pièce qui se déroule avant la guerre, donc neuf ans avant les quatre journées que dure l'*Iliade*), retenons les suivants :

1. Hélène et Pâris

La femme fatale de Giraudoux, si tranquille dans son rôle d'intermédiaire du destin (« l'une des rares créatures que le destin met en circulation sur la terre pour son usage personnel », II, 13), apparaît au contraire dans l'*Iliade* comme humble et tourmentée, dans ces propos à Hector :

> Mon beau-frère, tu n'as en moi qu'une chienne, dont les méfaits font frissonner. Comme j'aurais dû, le jour même où ma mère m'a enfantée, être saisie et emportée par une bourrasque terrible sur la montagne ou dans les flots de la mer tumultueuse... (VI)

Mais en même temps elle apparaît si désirable qu'elle entraîne sur les remparts les « anciens du peuple », pour la contempler :

> Il ne faut pas s'indigner si Troyens et Achéens aux beaux jambarts, pour une telle femme, souffrent longtemps des douleurs. On s'étonne de voir comme, à celui des immortelles, son visage ressemble. Même ainsi pourtant, malgré sa beauté, qu'elle s'en retourne sur les vaisseaux ! Puisse-t-elle ne pas rester ici, fléau pour nous, et, plus tard, pour nos enfants ! (III)

Priée par Priam de lui désigner dans le camp grec les généraux achéens, elle se lamente sur son rôle :

---

1. Voir p. 46 et suivantes.

> Je te révère, mon cher beau-père, et je te crains. Que n'ai-je préféré la mort mauvaise, quand ici j'ai suivi ton fils, laissant ma chambre, mes parents, ma fille encore si jeune et les charmantes amies de mon âge ! Cela ne fut pas ; aussi je me fonds en pleurs. (III)

Quant à **Pâris**, il apparaît tour à tour en splendide guerrier en combat singulier avec Ménélas (III), sauvé in extremis par Athéna, puis en frère lâche et mari complaisant d'Hélène, injurié par son frère Hector, et se justifiant ainsi :

> Ce n'est pas tant ma colère contre les Troyens, ni la vengeance, qui me retenaient assis dans cette chambre, mais le désir de me livrer à ma douleur. Voici que ma femme, par des propos persuasifs et tendres, m'a poussé au combat, et je crois moi-même que cela vaudra mieux : la victoire passe d'un homme à l'autre. Voyons, attends maintenant que je revête les armes d'Arès... (VI)

2. Hector et Andromaque

Hector apparaît longuement au chant VI de l'*Iliade*, avant les combats, priant sa mère Hécube d'aller au temple d'Athéna, la terrible déesse qui protège les Achéens, gourmandant son frère, le beau Pâris, de se complaire avec Hélène au lieu de combattre, puis rencontrant son épouse Andromaque et son fils en bas âge près de la Porte Scée. L'émotion de ce passage célèbre est extrême : **Andromaque** se lamente, pressentant la mort prochaine de son époux, qui est tout pour elle : « Hector, tu es pour moi un père, une mère vénérable, un frère, tu es pour moi un mari florissant. Et bien, maintenant, aie pitié ; reste ici, sur le rempart, de peur de rendre ton enfant orphelin et ta femme veuve. » Hector plaint alors le sort de sa patrie et le destin de future esclave de sa femme.

Mais au pathétique se mêle un court instant de joie familiale, avec l'enfant effrayé par le casque de son père ; Hector prend alors son enfant dans ses bras pour le calmer.

3. Priam et Hécube

Le vieux **Priam**, roi de Troie, est exclu des combats par son âge. Mais il est d'une remarquable courtoisie et d'une grande tolérance quand il s'exprime avec Hélène, pour lui demander de lui montrer dans la plaine les chefs grecs, conscient en définitive du rôle des dieux dans les affaires humaines : « Viens ici, ma fille, assieds-toi devant moi, afin de voir ton premier mari, vos parents et vos amis. Pour moi, ce n'est pas toi qui es responsable, mais les dieux, qui ont excité contre moi cette déplorable guerre achéenne. » (III) Et il apparaît d'une bouleversante dignité au dernier chant (XXIV), dans sa visite à Achille, pour réclamer le corps de son fils traité indignement par le héros, qui l'a traîné d'abord autour des remparts de Troie attaché à son char, avant de le laisser sans sépulture : « Respecte les dieux, Achille, et de moi aie pitié, en souvenir de ton père : je suis encore plus pitoyable : car j'ai eu le courage de faire ce que n'a fait encore, sur la terre, aucun humain, de porter à ma bouche la main du meurtrier de mon fils. »

Hécube, la vieille reine qui sera magnifiée dans les *Troyennes* d'Euripide, apparaît au début de l'*Iliade* (VI) : elle accueille Hector, venu lui demander d'aller au temple d'Athéna, avec des paroles empressées, puis s'en va prier la déesse. Elle réapparaît à la fin du poème, en compagnie de Priam et d'Andromaque (XXII), pleurant la mort de son fils Hector.

La scène de deuil est saisissante :

> Ainsi la poussière couvrait sa tête entière. Elle s'arrachait les cheveux. Elle jeta son voile brillant loin d'elle, et poussa un grand cri, en voyant son enfant. Son père gémit pitoyablement ; et, alentour, le peuple s'abandonnait aux cris et aux gémissements, par la ville...

Pour les Troyennes, Hécube mena la série des lamentations :

> Mon enfant, malheureuse que je suis, pourquoi vivrais-je, après ces maux terribles, quand tu es mort, toi qui pour moi, nuit et jour, étais mon orgueil dans la ville, et pour tous le salut...

Et c'est Andromaque qui conclut le chant, longuement, de façon saisissante :

> Et maintenant, toi chez Hadès, dans les profondeurs cachées de la terre, tu t'en vas, et moi, tu me laisses en un désespoir affreux, seule dans ce palais ! Et cet enfant, petit comme il est, que nous avons eu, toi et moi, infortunés ! Ni toi pour lui, tu ne seras, Hector, un appui, étant mort, ni lui, pour toi. Car même s'il échappe à la guerre lamentable des Achéens, toujours il aura de la peine et des chagrins...

4. Ulysse

Le personnage le plus célèbre sans doute de la légende grecque avec Hercule, apparaît constamment dans l'épopée. Il est, certes, un vaillant guerrier, surnommé, entre autres épithètes, « le preneur de villes » ; on le voit au chant X en expédition nocturne dans le camp troyen, tuer le contingent thrace avec Diomède et ramener des chevaux dans le camp des Achéens. Mais c'est surtout un orateur né, qui, dès le début de l'*Iliade* tance le peuple Achéen de ne pas écouter Agamemnon, se fait écouter mieux que lui (II), et se rend chez Achille en ambassade pour essayer de le ramener au combat (IX). Au chant III, Anténor compare Ménélas et Ulysse. Si le premier a de larges épaules et une parole sobre, Ulysse, lui, « dès que les mots, comme des flocons de neige, s'échappaient de ses lèvres, n'avait plus de rival. » (III)

Mais c'est surtout dans l'*Odyssée* que la figure du héros est tour à tour « l'homme aux mille épreuves », poursuivi sur les mers par le dieu Poseidon pour avoir aveuglé son fils le Cyclope Polyphème, perdant tous ses compagnons ; et « l'homme aux mille ruses », qui, aidé par Athéna, séduit les déesses (Calypso, Circé) et les mortelles (Nausicaa, la fille du roi Alcinoüs), et échappe à tous les pièges par la ruse, s'inventant, déguisé en mendiant, des biographies imaginaires de Crétois de plus en plus enjolivées (devant Athéna, XIII, devant Eumée, XIV, devant Pénélope, XIX) ; le vieil Eumée apprécie d'ailleurs ces fables, dont il n'est pas dupe, en connaisseur : « Vieillard, la fable que tu m'a contée était parfaite ; et tu n'as pas lâché un mot gratuit ou déplacé. » (XIV)

VII. LE THÉÂTRE À ATHÈNES AU VIe-Ve SIÈCLES

Selon Aristote (*Poétique*) le théâtre est issu du **dithyrambe***, chant en l'honneur de Dionysos, dieu du vin et de l'ivresse, protecteur de la fécondité. Son culte était caractérisé à l'origine par des *orgies*, ou fêtes au cours desquelles les desservants du dieu, les Bacchantes et les Bacchants, sous l'influence de l'*enthousiasme**, se livraient à des rites passionnés, composés de danses violentes et de courses dans les montagnes, pendant lesquelles ils se livraient à la poursuite des bêtes sauvages dont ils goûtaient la chair crue.

À l'époque classique (VIe-Ve siècles) **les fêtes de Dionysos** avaient lieu quatre fois par an à Athènes, mais c'est surtout aux **Lénéennes** (Fêtes du Pressoir en janvier), aux **Dionysies des champs** (en décembre-janvier), où avait lieu la *phallophorie* (cortège débridé portant un phallus gigantesque), et surtout aux Grandes Dionysies, ou **Dionysies urbaines** (en mars-avril), les plus récentes, qu'avaient lieu les concours de dithyrambe, et, par la suite, de tragédie et de comédie.

Du dithyrambe se détachait parfois un des *choreutes* (membres du chœur), qui improvisait un chant en répondant au chœur, et c'est ainsi qu'est né le « premier acteur », le *protagoniste*. **La tragédie***, (« chant du bouc », de *tragos*, « bouc », l'animal sacrifié à Dionysos, et *ôdé*, chant) et **la comédie** (« chant du kômos », de *kômos*, le cortège de Dionysos), se sont formées à partir de là.

Chaque année, trois poètes tragiques et cinq poètes comiques concouraient pour le premier prix, les tragiques avec trois pièces qui, à l'origine, étaient liées entre elles et constituaient une « trilogie liée » (il nous en reste une seule complète, l'*Orestie* d'Eschyle ; cf. page 32). Auparavant, ils devaient « demander un chœur » à l'archonte éponyme (un des deux magistrats athéniens les plus haut placés), qui chargeait un riche citoyen d'accorder une subvention pour l'organisation du spectacle, en particulier pour recruter le chœur (douze, puis quinze membres).

Les acteurs ne dépassèrent jamais le nombre de trois, ce qui les obligeait à des changements de costumes et de masques éclairs, et aussi à adopter un jeu et même des timbres de voix différents, les acteurs, tous masculins, jouant les personnages des deux sexes.

Le cadre théâtral, tel qu'on peut encore le voir en Grèce et en Asie mineure (en Turquie aujourd'hui), est majestueux : toujours situé en plein air, adossé à une colline, le théâtre déploie ses gradins, de bois puis de pierre, en fer à cheval autour d'une aire ronde, l'*orchestra*, (d'où vient notre « orchestre », avec un sens différent) où évolue le chœur, et devant une légère construction percée de trois portes, servant à la fois de coulisses et de décor, la *skéné* (d'où vient, par l'intermédiaire du latin *scaena*, notre « scène »). Les dieux apparaissent sur le toit, où suspendus à une machine, une grue en bois (d'où le *deus ex machina*, l'intervention divine qui permet à la fin d'une intrigue compliquée de sortir d'une situation insoluble).

Sur une centaine d'auteurs qui s'illustrèrent au cours du Ve siècle à Athènes, seuls trois tragiques subsistent : **Eschyle**, **Sophocle** et **Euripide**, et un comique, **Aristophane**. Au siècle suivant, seule demeure l'œuvre de Ménandre pour la comédie.

La structure des tragédies est complexe : elle alterne les parties dansées et chantées, **les chœurs** (de *choros*, « danse »), formés de strophes en vers courts aux schémas rythmiques rigoureux, et **les parties dialoguées, les épisodes**, écrits en vers réguliers (trimètres iambiques*). Certaines parties sont déclamées sur un accompagnement de flûte, en particulier les passages dits par le *choryphée* (le chef de chœur), et les monodies ou les dialogues d'un personnage et du chœur les plus pathétiques (*kommoï*).

Après un prologue, sous forme de monologue ou de dialogue, le chœur apparaît (*parodos*, « entrée »), puis alternent dialogues et parties chorales (*stasima*), au nombre de trois à six ; la pièce s'achève par l'**exodos** (la « sortie » du chœur), en fait dernier épisode souvent assez long.

On voit ici, et à travers les adaptations du théâtre latin, la source des tragédies en cinq actes et en vers de l'époque classique.

La structure des comédies est analogue, mais beaucoup plus complexe dans le détail. La comédie classique du XVIIe siècle est redevable, non pas à Aristophane, dont le théâtre est exclusivement politique et satirique, mais plutôt à la comédie du IVe siècle, la « comédie nouvelle » de **Ménandre**, connue à partir de ses imitateurs latins **Plaute** (IIIe-IIe siècles av. J.C.) et **Térence** (IIe siècle av. J.C.).

Quelle était **la fonction du théâtre** dans l'Athènes du Ve siècle avant J.C., à l'époque de la démocratie et du Parthénon ? Aristote, dans la *Poétique*, lui assigne un rôle original, celui de la *catharsis*, de la « purification des émotions » :

> La tragédie est une imitation faite par des personnages en action et non par le moyen d'une narration (autrement dit par une représentation théâtrale et non par une récitation épique), et qui par l'entremise de la pitié et de la crainte accomplit la purification des émotions de ce genre.(VI)

Il y a là « une éducation à travers les mythes » (Luigi Canfora), fondée sur l'identification des spectateurs avec les personnages, qui vivent à travers eux des passions qu'ils ne pourraient réaliser dans la réalité, et qui, ainsi, s'en libèrent. Cette identification est d'autant plus facile qu'elle s'accomplit dans un ensemble d'actions et de héros que chacun connaissait par l'épopée et la mythologie. Il s'agissait dès lors d'une « **thérapie mentale** », qui, en représentant sur scène des situations limites, subies dans l'inconscient, permettait au spectateur de les vivre par délégation.

Il y a là une théorie remarquablement moderne, qui peut aussi bien être interprétée moralement (se débarrasser du mal qu'on porte en soi), que psychologiquement (vivre collectivement ses pulsions agressives comme le crime ou l'inceste). La catharsis a d'ailleurs toujours été la fonction du théâtre à travers son histoire.

VIII. LES TRAGIQUES GRECS

1. Eschyle (525-456)

C'est, chronologiquement, le premier des trois grands tragiques. Il fait partie de l'illustre génération des « Marathonomaques », c'est-à-dire des soldats qui combattirent les Perses à Marathon (490) et Salamine (480), et sauvèrent ainsi la civilisation grecque.

Sur les quatre-vingt-dix pièces qu'il écrivit, il nous reste les sept œuvres suivantes : *Les Perses*, pièce isolée, la seule liée à l'actualité qui nous soit parvenue (472), *Les Sept contre Thèbes*, *Les Suppliantes* (fin d'une trilogie), l'*Orestie*, trilogie complète, qui comprend *Agamemnon*, *Les Choéphores* (les « Porteuses de libations »), *Les Euménides* (Les « Bienveillantes », c'est-à-dire les Erynnies, déesses du remords, nommées ainsi par antiphrase), et *Prométhée enchaîné*, début d'une trilogie dont les autres pièces sont perdues.

C'est Eschyle qui ajouta à l'acteur unique des débuts un **deuxième acteur**. Ses pièces sont d'une grandeur et d'un lyrisme proches encore des origines religieuses du genre. Le chœur a une grande importance, le rythme est majestueux, le vocabulaire très imagé. **Le destin et la jalousie entre dieux** y jouent un rôle fondamental.

2. Sophocle (497-406)

Sophocle fait partie de la génération suivante. Sa vie fut longue (il est mort à quatre-vingt-dix ans), aisée et glorieuse. Fils d'un riche armurier, né à Colone dans un faubourg d'Athènes où il situera sa dernière tragédie (*Œdipe à Colone*), il reçut, dit-on, tous les dons : beauté, dons musicaux, poétiques et dramatiques ; âgé de quinze ans, il conduisit le chœur célébrant la victoire sur les Perses en 480, avant d'interpréter lui-même ses pièces. Il joua un rôle politique à plusieurs reprises.

Des cent-quinze pièces qu'il aurait écrites, il nous en reste sept, comme pour Eschyle : *Ajax, Les Trachiniennes, Antigone, Œdipe roi, Electre, Philoctète, Œdipe à Colone.*

On lui doit sur le plan technique l'adjonction d'un **troisième acteur**, solution qu'adopta Eschyle dans l'*Orestie*, l'abandon des trilogies* liées (d'où des pièces indépendantes), et l'augmentation du nombre des choreutes* (de douze à quinze). Il développa la psychologie des caractères, et le **rôle de la volonté humaine face aux dieux**. Son style, d'une grande perfection artistique, et en même temps d'un parfait naturel, magnifie des figures éternelles comme celles d'Œdipe ou d'Antigone.

3. Euripide (480-406)

De quinze ans plus jeune que Sophocle, Euripide appartient à une génération marquée par l'enseignement des sophistes* et par les malheurs de la guerre du Péloponnèse (guerre avec Sparte qui dura, avec des périodes de paix, de 431 à 404).

D'humble origine, il reçut pourtant une éducation soignée, et s'intéressa, comme en témoigne son théâtre, à toutes sortes de problèmes. Mais, contrairement aux deux autres poètes, il eut des difficultés avec ses contemporains, qu'il heurta souvent par ses idées, avant de connaître un grand succès posthume, comme en témoigne le nombre important de tragédies qui nous restent de lui (dix-huit, plus un drame satyrique*).

Parmi ses œuvres, qui ont beaucoup influencé le poète latin Sénèque (Ier siècle ap. J.C.), et, par son intermédiaire, les classiques comme Racine, citons *Alceste, Médée, Andromaque, Hécube, Les Troyennes, Iphigénie en Tauride, Iphigénie en Aulide, Electre, Les Phéniciennes, Les Bacchantes.*

Ses innovations furent nombreuses : il réduit le rôle du chœur, ce qui le rapproche des modernes, invente des prologues qui expliquent l'intrigue au spectateur, utilise souvent le **deus ex machina***. Il alterne les scènes rapides et les longues tirades, où il expose ses idées sur la démocratie, les femmes, le rôle des dieux, etc. Mais il développe aussi le rôle des sentiments et des passions, et les traduit par l'emploi de la déclamation musicale dans les dialogues et les monologues. Son style est d'une grande fraîcheur dans les chœurs, et d'une grande souplesse dans les dialogues. Le fond des légendes utilisées est plus varié que chez ses devanciers (guerre de Troie évoquée dans *Les Troyennes*, *Hécube*, *Electre*, *Hélène*, etc., légendes thébaines dans *Les Phéniciennes*, mythologie dans *Les Bacchantes*, etc.).

IX. LE THÉÂTRE LATIN

Il se distingue du théâtre grec par **une origine différente** : le culte de Dionysos (Bacchus pour les latins) en est absent ; par contre il naît à Rome en 360 av. J.C. lors d'une épidémie de peste ; « pour apaiser les dieux », explique l'historien Tite-Live, on eut recours à des « Jeux scéniques » (*Ludi scaenici*), nouveauté chez un peuple féru de Jeux de cirque, et d'origine étrusque. Se crée ainsi **la farce** (*satura*, « pot-pourri »), jouée par des *histriones*, à la fois acteurs, chanteurs et danseurs. Les premières pièces organisées sont d'origine grecque, par l'entremise d'un affranchi de Grande Grèce (sud de l'Italie), **Livius Andronicus**, venu de bonne heure à Rome, qui acclimata pour les romains les chefs-d'œuvre de l'épopée et du théâtre grecs.

La comédie est représentée pour nous brillamment par **Plaute** (254-184) et **Térence** (190-159), qui imitent tous deux **la comédie nouvelle** (voir plus haut), en « contaminant », c'est-à-dire en mêlant en général deux sujets de comédie d'origine grecque pour en faire une seule, et, tout en gardant le sujet et les personnages grecs, en adaptent les mœurs aux usages romains.

Plaute, qui eut une vie longue et bien remplie d'acteur, d'entrepreneur de spectacles et de poète dramatique, est l'éblouissant auteur d'au moins vingt-et-une comédies jugées authentiques, écrites entre 212 et 184, que l'on range dans l'ordre alphabétique faute d'en connaître les dates. Parmi elles il faut mettre à part la première de la série, *Amphitryon*, imitée par Molière et Giraudoux, comédie héroïque car elle met en scène des dieux (Jupiter, Mercure) et la naissance d'Hercule, fils des amours cachées de Jupiter et d'Alcmène, femme du général Amphitryon (voir page 36). Parmi les autres, les plus remarquables sont *La Comédie de la marmite* (*Aulularia*), qui a servi à Molière pour écrire *L'Avare*, *Les Ménechmes*, qui joue sur la confusion créée par des jumeaux, *Le Soldat fanfaron* (*Miles gloriosus*), qui met en scène avec beaucoup de verve un personnage de militaire berné auprès d'une courtisane par un esclave, etc.

Presque toutes les pièces de Plaute fonctionnent sur le **même schéma** : un jeune homme, amoureux d'une jeune fille d'origine inconnue et esclave, ne peut la conquérir qu'avec l'aide d'un esclave inventif et rusé, grâce auquel il peut se procurer de l'argent auprès d'un père avare ou d'un autre personnage, et, en général, grâce à la découverte in fine de l'origine libre de la jeune fille. Des types hauts en couleur, comme dans la **Commedia dell'arte** italienne, reviennent d'une pièce à l'autre : le parasite, le soldat prétentieux, la vieille esclave amie du vin, le vieillard insupportable, la pure jeune fille, la courtisane habile, etc.

Térence, une génération plus tard, écrit des pièces aux sujets plus raffinés que Plaute, mais avec moins de verve et de force comique. Sa carrière fut courte et en dents de scie ; on ne connaît de lui que six comédies, écrites en six ans, de 166 à 160 : *La Jeune fille d'Andros*, *L'Eunuque*, *La Belle-mère* (l'*Hécyre*), *Le Bourreau de soi-même* (l'*Héautontimoroumenos*), *Le Phormion*, et *Les Frères* (*Les Adelphes*).

Les sujets, proches de ceux de Ménandre et de Plaute, déplacent l'intérêt vers l'**étude des caractères** et la délicatesse des sentiments : par ex. *Le Bourreau de soi-même* peint un père qui travaille dur dans son domaine pour se punir d'avoir poussé son fils à s'engager dans l'armée, parce qu'il lui interdisait d'épouser celle qu'il aimait ! L'intrigue est beaucoup plus solide que chez Plaute, et la langue très élégante.

La tragédie fut également fort goûtée des romains, et fleurit particulièrement au IIe siècle av.J.C. Par la suite elle fut surtout appréciée des érudits et lue dans des *recitationes*, des « lectures publiques », et non jouée sur la scène. Le seul ensemble de pièces qui nous soit parvenu intégralement est tardif : c'est celui des tragédies de **Sénèque** (ère chrétienne-65 ap.J.C.), par ailleurs plus connu comme philosophe stoïcien et ministre de Néron.

Les tragédies de Sénèque sont au nombre de dix, neuf *palliatae* à sujet grec, et une *togata* à sujet romain, qui d'ailleurs n'est pas de lui, mais qui le met en scène (*Octavie*). Les neuf pièces à sujet grec sont adaptées d'Eschyle (*Agamemnon*), de Sophocle (*Œdipe*, *Hercule sur l'Œta*), et surtout d'Euripide (*Hercule furieux*, *Les Troyennes*, *Les Phéniciennes*, *Médée*, *Phèdre*, *Thyeste*). Sénèque reprend les grandes lignes de ses prédécesseurs, tout en retranchant ou en ajoutant personnages et épisodes, et surtout en introduisant une philosophie nouvelle (le stoïcisme) et en tirant de manière générale son théâtre vers **l'horrible et le macabre**. La **fureur** (au sens d'« égarement », de « maladie mentale »), provoquée par une situation initiale sans issue, induit chez les personnages une **douleur** sans remède, source de lamentations pathétiques et de crimes atroces. Apparitions et évocations infernales apportent à ce théâtre, au style imagé et brillant, une couleur originale, typiquement romaine. Sénèque, très lu par les classiques, les a beaucoup inspirés (*Médée* de Corneille, *Phèdre* de Racine, *Œdipe* de Voltaire).

LES GRANDS MYTHES ILLUSTRÉS PAR LE THÉÂTRE MODERNE

I. LA LÉGENDE DES LABDACIDES[1]

1. Tableau généalogique des Labdacides

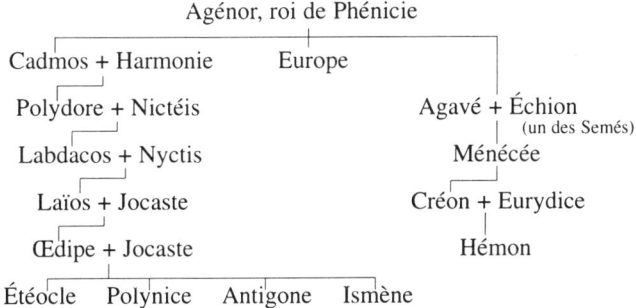

2. La légende d'Œdipe

Une première allusion, très courte, à Œdipe se trouve dans l'*Iliade* (XXIII, 675) : aux funérailles de Patrocle, figure un descendant de l'Argien Talaos, « qui vint jadis à Thèbes, quand, dans le fracas des armes, tomba Œdipe, pour ses funérailles. » Ainsi apprend-on qu'avant la version de Sophocle, Œdipe, ni parricide ni incestueux, était mort héroïquement.

C'était sans doute une figure légendaire des peuples Eoliens de Béotie.

Par contre, les crimes d'Œdipe sont clairement évoqués dans l'*Odyssée*.

Au chant XI Ulysse doit consulter, sur le conseil de la magicienne Circé, le défunt devin Tirésias aux Enfers pour connaître le chemin de son retour. Il rencontre, parmi les « dames du temps jadis », la mère d'Œdipe, qui s'appelle ici Epicaste, et non Jocaste :

---

1. Les Labdacides sont les descendants de Labdacos, père de Laïos, grand-père d'Œdipe et arrière grand-père d'Antigone.

> Je vis, mère d'Œdipe, Epicaste la belle,
> qui commit une action monstrueuse sans le savoir,
> en épousant son fils ; lui, ayant fait périr son père,
> l'épousa ; mais bientôt les dieux en instruisaient le monde.
> Alors, dans les tourments, à Thèbes la charmante,
> il dut régner par le décret fatal des dieux ; sa mère descendit dans la forte prison d'Hadès*,
> quand elle eut attaché l'abrupt lacet au plafond haut,
> accablée de chagrin. Pour tout héritage, son fils
> eut les tourments sans fin que déchaînent les Erinyes*.
>
> (*Odyssée*. XI, v. 271-280 ; trad. Philippe Jaccottet)

Dans ce très court récit, apparaissent **les éléments essentiels du mythe** qui font d'Œdipe un grand criminel : le **parricide**, **l'inceste**, mais non volontaires, **l'oracle** (les dieux qui « instruisent le monde » du crime) et les tourments d'Œdipe devenu roi, ainsi que le suicide par pendaison de Jocaste. Mais, dans l'épopée, il n'y a pas de jugement de valeur comme dans la tragédie. Œdipe ne se crève pas les yeux, ne part pas en exil de Thèbes : il reste sur le trône, poursuivi par le remords, symbolisé par les Erinyes, les déesses de la vengeance. Par ailleurs le roi n'a pas encore de postérité.

Par la suite la légende s'enrichit peu à peu dans deux poèmes perdus, la *Thébaïde* (la « légende de Thèbes ») et l'*Œdipodie* (VIIIe siècle).

Selon la première, Laïos, le père d'Œdipe, encourt la colère d'Héra, épouse de Zeus et gardienne du mariage, pour avoir fait enlever et séduit un fils de Pélops, le jeune et beau Chrysippe (« Cheval d'or »). N'ayant pas d'enfant, Laïos consulte l'oracle de Delphes, qui lui enjoint par trois fois de ne pas en avoir, car un fils serait cause de sa mort et d'autres malheurs épouvantables. Sans doute Pélops s'est plaint à Zeus de l'enlèvement de son fils. C'est alors que Laïos est assassiné à Potnies, entre Thèbes et la montagne du Cithéron, près d'un sanctuaire d'Héra.

Laïos est donc coupable d'un double crime : violer la chasteté conjugale, et désobéir à l'oracle d'Apollon en ayant un fils, Œdipe, qu'il fait exposer après sa naissance.

L'*Œdipodie*, au contraire, paraît avoir supprimé le rapt de Chrysippe. **L'oracle d'Apollon devient arbitraire**, et Laïos n'est désormais coupable que de lui avoir désobéi. Par contre le poème introduit un certain flottement sur l'identité de Jocaste et sa descendance, qui adoucit les conséquences de l'inceste : la mère d'Œdipe, Epicaste, serait différente de Jocaste, et lui aurait donné deux enfants, bientôt tués par des étrangers ; plus tard il aurait eu une seconde femme, Euryganée, qui lui aurait donné ses quatre enfants, Etéocle et Polynice, Antigone et Ismène. Or tous les tragiques qui ont traité le mythe, soit une dizaine, ont préféré la première version, en unifiant le personnage de Jocaste et en augmentant la culpabilité d'Œdipe.

Eschyle, dans *Les Sept contre Thèbes*, que nous analyserons plus tard à propos d'*Antigone* (voir page 25), reprend la version de la *Thébaïde*, **en soulignant la faute initiale de Laïos** :

> Je pense en effet à la faute ancienne, sitôt punie,
> mais dont l'effet dure jusqu'à la troisième génération,
> à la faute de Laïos sourd à la voix d'Apollon,
> qui, par trois fois, dans son siège fatidique de Pythô [1]
> nombril du monde, avait déclaré qu'il devait mourir
> sans enfant, s'il voulait sauver la ville.
> Mais, cédant à un désir insensé,
> il engendra sa propre mort, Œdipe le parricide,
> qui dans le sillon sacré d'une mère,
> où il avait été nourri, osa planter une racine sanglante.
> Le délire avait puni ces époux en folie.
>
> (Trad. E. Chambry, vers 742-757).

On remarque ici qu'Eschyle insiste sur la faute de Laïos, coupable à la fois de désobéissance envers Apollon et d'orgueil (d'*hybris**), faute qui, comme celle d'Atrée pour les Atrides (voir page 30), va s'étendre à toute sa descendance, jusqu'à l'extinction de sa lignée.

Sophocle a adopté une solution centrée sur Œdipe, en évitant de parler d'une faute de Laïos. Quant aux différents épisodes de sa tragédie, il est impossible de savoir ce que le poète devait à ses devanciers et ce qu'il a inventé. On peut noter qu'Euripide, dans une pièce perdue, modifiait à son tour la fin de l'histoire : c'était les serviteurs de Laïos qui crevaient les yeux à Œdipe, et c'est Créon qui, par jalousie, accusait Œdipe d'incurie et menait l'enquête sur son identité.

3. *Œdipe roi* de Sophocle
Analyse

> Une peste décime Thèbes, en Béotie. Le roi Œdipe, qui a jadis sauvé la ville de le Sphinx*, monstre qui posait des énigmes aux voyageurs avant de les dévorer, a envoyé son beau-frère Créon, frère de Jocaste, à Delphes, pour consulter l'oracle d'Apollon. Le dieu ordonne de venger le meurtre du vieux roi Laïos, demeuré impuni, pour délivrer la ville.
> Œdipe se charge de l'enquête et consulte le devin aveugle Tirésias, qui finit par lui révéler que c'est lui le meurtrier, et de plus le « rival incestueux » de son père, le « frère de ses enfants » ! Œdipe, furieux, refuse de le croire. Puis il se querelle avec Créon, qu'il accuse de comploter contre lui avec Tirésias.
> Jocaste, la reine, croit le rassurer en lui révélant un autre oracle autrefois adressé à Laïos : s'il avait un fils, il tuerait son père et épouserait sa mère. Or, en accord avec Laïos, elle a fait exposer cet enfant sur le mont Cithéron. Œdipe est bouleversé par cette révélation : il a jadis tué un vieillard

---

[1]. C'est-à-dire à Delphes, par la voix de la Pythie.

croisé sur la route de Delphes. Il décide donc d'interroger le seul témoin survivant de l'affaire, un berger.
Arrive alors un messager de Corinthe pour annoncer la mort du roi Polybe, le père supposé d'Œdipe, et lui offrir la couronne. Œdipe est rassuré sur le parricide. Mais l'inceste ? Mérope, la femme de Polybe, n'est-elle pas bien vivante ? Le messager révèle alors l'origine du roi : jadis, sur le Cithéron, il l'a reçu des mains d'un berger de Laïos qui devait l'exposer, et a eu pitié de lui. Il l'a remis à Polybe et Mérope, qui l'ont élevé comme leur propre enfant. Jocaste, horrifiée, rentre dans le palais. Le vieux berger, mandé par Œdipe finit avec réticence par avouer son histoire à Œdipe : il avait reçu l'enfant de Jocaste, parce que celui-ci devait tuer ses parents.
Sortant du palais, un messager vient annoncer avec horreur le dénouement : Jocaste s'est pendue dans sa chambre et Œdipe, en la découvrant, s'est crevé les yeux avec une agrafe de sa robe. Le roi reparaît, les yeux ensanglantés, supplie qu'on l'exile ou qu'on le tue, demande à Créon de procéder aux funérailles de Jocaste et lui confie ses filles, Antigone et Ismène. Œdipe veut partir avec elles, mais Créon fait rentrer le roi dans le palais pour le cacher aux yeux de tous. Le chœur conclut : nul ne peut être dit heureux avant la fin de sa vie.

La pièce de Sophocle est centrée sur une enquête ; or ici **c'est l'enquêteur lui-même qui est le criminel**, ce qui apparente la tragédie au meilleur des romans policiers. Chaque personnage en dehors d'Œdipe apporte sa pierre à l'édification de la vérité, Créon par l'oracle de Delphes, Tirésias par sa science divinatoire, les bergers par leurs témoignages, Jocaste enfin par son expérience première et son intuition.

La pièce repose d'abord sur le thème du **parricide**, puis sur celui-ci de l'**inceste**. Mais elle exige de toute façon l'ignorance du héros de sa véritable identité. Ces trois éléments se rejoignent pour constituer le personnage, mais en même temps le détruisent, car un monstre ne peut exister sur la terre sans constituer une souillure intolérable.

Le nom d'Œdipe, *Oidipous*, **signifie « Pied enflé »** (même racine qu'« œdème »), ce qui fait allusion à son exposition comme enfant lié par les pieds. À ce sujet on a remarqué que le nom de Laïos semble signifier « gauche », et celui de Labdacos « boiteux ». Il y a là, de père en fils, une marque physique, une « difficulté à marcher droit » (Claude Lévi-Strauss), une « anormalité maléfique » (Marie Delcourt), qui est sans doute en rapport avec une série de thèmes politiques et moraux, que J.P. Vernant énumère : tyrannie, pouvoir conquis et perdu, suite des générations continue ou bloquée, rectitude ou déviation des rapports sexuels, accord ou violence entre père et fils, ou fils entre eux.

Mais le texte grec joue sur ce nom en appelant Œdipe « l'homme qui ne sait rien », *ho mêden eidôs Oidipous*, ou, au contraire, « qui sait », en supprimant la négation, l'homme qui connaît la réponse à l'énigme de le Sphinx : « l'Homme » ; (quel est l'animal qui marche à quatre pattes le matin, à deux pattes à midi, à trois pattes le soir ?), et qui connaît peu à peu son destin, tour à tour violent, humble, et d'une sublime grandeur. En rapport avec ce thème du savoir le **thème du regard** prend une importance fondamentale : Œdipe se crève les yeux parce qu'il a vu ce qu'il n'aurait pas dû voir, le corps de sa mère, alors que Tirésias, aveugle, a un œil intérieur qui lui permet de lire les âmes.

La pièce a connu une postérité, non seulement comme sujet de théâtre (Corneille, Voltaire, Cocteau, Gide en France, Hölderlin, Shelley, Hoffmannsthal à l'étranger), mais surtout comme thème de prédilection pour les sciences humaines.

D'un point de vue anthropologique, Marie Delcourt, dans un livre intitulé *Œdipe ou la légende du conquérant*, a analysé le mythe comme un enchaînement de six éléments indépendants à l'origine :

L'enfant exposé : il s'agit en général d'un bâtard de grande famille, ou indésirable. C'est le second cas ici qui se présente. L'enfant, une fois recueilli, est appelé, comme Moïse, à un grand destin, ce qui permettra à Œdipe de se dire « Fils de la Fortune » (v. 1080).

Le meurtre du père : cet épisode représente primitivement la lutte pour le pouvoir du fils contre le père, ou du jeune homme contre un vieux roi incapable, et non le parricide, crime abominable pour les grecs.

La victoire sur le Sphinx* : dans une perspective initiatique* elle constitue l'épreuve fondamentale, qui permet au héros de postuler la royauté en épousant la fille du roi.

La résolution de l'énigme : c'est un exercice de savoir et d'intelligence, qui met en jeu la nature humaine, et dont la réponse est plus importante que la question. Un autre jeu de mot sur Œdipe souligne cet aspect du mythe : dans Oidipous, il y a dipous, « à deux pieds ». Le nom propre contient le nom commun de l'espèce !

Le mariage avec la princesse : Le héros des contes épouse en général la fille du roi. Ici Œdipe épouse sa veuve, de plus sa propre mère, en contredisant aux lois de l'exogamie*. De toute façon il s'agit d'inclure le héros dans un nouveau clan.

L'union avec la mère : on ne trouve ce motif que chez les dieux (cf. la *Théogonie* d'Hésiode), dans certaines civilisations archaïques (évoquées par exemple dans le royaume d'Eole, *Odyssée*, chant X), ou chez les Pharaons d'Egypte, qui épousaient leur sœur. Dans la mythologie le cas d'Œdipe est quasi unique. Le thème appartient, selon Jocaste elle-même, au **domaine du rêve** : « La menace de l'inceste ne doit pas t'effrayer : plus d'un mortel a partagé en songe le lit de sa mère. Pour qui sait surmonter ces frayeurs, comme la vie est plus simple ! » (v. 982-983).

Le complexe d'Œdipe

La renommée universelle d'Œdipe est due moins aujourd'hui aux mérites de la tragédie de Sophocle qu'au fameux « complexe d'Œdipe » défini par

Sigmund Freud. Ce médecin viennois (1856-1939), frappé dans les rêves de ses patients par la fréquence des désirs de mort sur le parent du même sexe, et des désirs d'union avec le parent de sexe opposé, en conclut que, chez le jeune enfant, se manifeste une sexualité qui le fait considérer le parent de même sexe comme un concurrent. À ce point de sa réflexion **le personnage de Sophocle lui parut emblématique** de cette situation. En 1938, à la fin de sa carrière, il déclare dans son *Abrégé de Psychanalyse* :

> Notre intérêt est dû à l'influence d'une situation que tous les enfants sont destinés à connaître ; je veux parler du complexe d'Œdipe, ainsi nommé parce que l'essentiel de son contenu fait retour dans la légende grecque du roi Œdipe, dont la thématique nous a été heureusement conservée par un grand dramaturge. Le héros grec tue son père et épouse sa mère.

Mais Freud va plus loin en faisant du héros tragique une image de la condition humaine : « On retrouve dans le complexe d'Œdipe les commencements à la fois de la religion, de la morale ; de la société et de l'art. » (*Totem et Tabou*) Il est vrai qu'un helléniste comme J. P. Vernant a critiqué cette interprétation en voyant un cercle vicieux dans le fait d'analyser la tragédie à travers le complexe et de découvrir le complexe dans la tragédie. Mais cette critique vétilleuse n'empêche pas le complexe d'exister, et d'ailleurs, comme nous l'avons vu, c'est Jocaste elle-même qui le suggère.

4. La postérité d'Œdipe

Si l'on considère la légende des Labdacides dans son ensemble, depuis les origines du mythe jusqu'à ses ultimes conséquences, l'histoire d'Œdipe apparaît comme un épisode parmi d'autres. Voici cette légende :

> Cadmos, fils d'Agénor, était le roi de Phénicie (le Liban actuel). Il fut envoyé par son père à la recherche de sa sœur Europe, enlevée par Zeus métamorphosé en Taureau. Il parvint en Thrace sans pouvoir la retrouver, et arriva ensuite à Delphes, où l'oracle d'Apollon lui ordonna de suivre une vache portant sur son pelage une tache blanche en forme de croissant de lune, et de fonder une ville à l'endroit où cette vache tomberait d'épuisement. Elle s'arrêta en Béotie, où Cadmos fonda Cadmeia, la citadelle de la future Thèbes. Il tua ensuite un dragon dont il sema les dents, d'où naquirent des hommes armés, les Spartoï (les « Semés »), qui s'entre-tuèrent, sauf cinq qui devinrent les ancêtres des Thébains.

Nous connaissons la suite du mythe : l'enlèvement du jeune Chrysippe par Laïos, arrière-petit-fils de Cadmos, la colère d'Héra, l'oracle d'Apollon sur son fils meurtrier, l'histoire d'Œdipe.

Mais la malédiction qui pèse sur cette famille continue aux générations suivantes, avec des variantes. De Jocaste, Œdipe a eu quatre enfants, deux fils, Etéocle et Polynice, et deux filles, Antigone et Ismène.

À la fin d'*Œdipe roi*, Œdipe dit adieu à ses filles, comme s'il partait pour l'exil, puis il rentre dans le palais.

Par la suite, **il subit de cruelles humiliations de la part de ses fils** : un jour, après un sacrifice, on lui sert, non pas l'épaule, part d'honneur réservée au roi, mais la hanche de la victime. Il voit là un outrage volontaire, une dépossession de son pouvoir. **Œdipe lance alors sur ses fils une terrible malédiction** : ils se disputeront son héritage les armes à la main. Le roi est à peine mort en effet qu'ils se disputent le trône. Etéocle ne voulant pas céder le pouvoir à son frère au terme du temps fixé pour le partage, Polynice s'enfuit à Argos, à la cour du roi Adraste, dont il devient bientôt le gendre ; il décide son beau-père à lever une armée pour assiéger Thèbes et revendiquer son pouvoir.

C'est ici que commence *Les Sept contre Thèbes* d'Eschyle (467), dernière pièce d'une trilogie formée de *Laïos*, *Œdipe*, et *Les Sept*, accompagnée d'un drame satyrique, *Le Sphinx*.

5. *Les Sept contre Thèbes* d'Eschyle

> Le roi Etéocle exhorte le peuple de Thèbes à défendre la ville assiégée par Adraste et Polynice. Un éclaireur vient annoncer que les chefs qui commandent leur armée ont tiré au sort à quelle porte de la ville chacun d'eux conduirait sa phalange, et s'avancent vers les remparts. Après les lamentations des femmes du chœur et le blâme vigoureux que leur adresse Etéocle, un messager vient décrire en détail chaque chef ennemi posté à une porte, avec son armure, ses emblèmes et ses menaces. À chacun d'eux, Etéocle oppose un chef thébain, et se réserve le dernier, son frère Polynice, tout en sachant qu'il doit mourir à cause des malédictions qui pèsent sur la race de Laïos.
> Après un rappel des malheurs d'Œdipe par le chœur, un messager vient annoncer que Thèbes est sauvée, mais que les deux frères se sont entre-tués. Sur leurs corps qu'on apporte, le chœur, puis Antigone et Ismène, se lamentent rituellement. Mais un héraut* se présente pour, au nom de la cité, interdire d'ensevelir le corps de Polynice, le traître à sa patrie. Antigone, alors, au nom des liens du sang, déclare qu'elle l'ensevelira elle-même. Le chœur se partage en deux camps, l'un qui suivra Antigone, l'autre qui accompagnera le convoi d'Etéocle.

Ces données furent reprises en 407, soixante ans plus tard, par Euripide, dans *Les Phéniciennes*.

Le poète y apporte de nombreux changements à la légende : il remplace le chœur des Thébaines par un chœur de Phéniciennes, de passage à Thèbes ; il ajoute le personnage de Jocaste, qui se tuera sur le corps de ses fils, et ceux de Créon, Ménécée et Tirésias. Il invente de nouveaux épisodes : Jocaste, toujours vivante, veut réconcilier ses fils lors d'une trêve, mais elle a beau blâmer l'arrogance de l'un et la folie de l'autre, les deux frères jurent de s'entre-tuer. C'est Créon qui conseille de poster sept bataillons aux sept portes avec leurs chefs. Tirésias, lui, réclame à Créon l'immolation de son fils Ménécée pour sauver la ville. Après la victoire de Thèbes, les deux frères s'entre-tuent, et Jocaste se suicide sur leur corps.

C'est Créon à la fin qui interdit d'ensevelir Polynice et exile le vieil Œdipe, qui prédit sa mort à Colone et s'exile guidé par Antigone.

C'est à ce point de la légende que commence l'*Antigone* de Sophocle, jouée en 440, et qui connut un succès tel que son auteur fut désigné comme stratège. Le sujet sera repris en 428 par Euripide, qui, grâce à l'intervention divine de Dionysos, donna une fin heureuse à la pièce.

6. *Antigone* de Sophocle

> Polynice est mort en combat singulier avec son frère Etéocle. Créon, le nouveau roi, ordonne la sépulture d'Etéocle, et la refuse à Polynice.
> Antigone, leur sœur, au nom des lois divines, décide d'ensevelir ce dernier de ses propres mains. Créon la condamne à être enterrée vivante. Antigone adresse une magnifique invocation aux morts qui lui sont chers.
> Hémon, le fils de Créon et fiancé d'Antigone, essaye de fléchir son père en faveur de la jeune fille, mais, éconduit, il s'enfuit. Après les sinistres prédictions de Tirésias, on apprend l'ensevelissement de Polynice, la mort d'Antigone, pendue à un lacet dans la grotte où elle a été enfermée, le suicide d'Hémon et de la reine Eurydice. Créon, horrifié, appelle la mort, conscient trop tard de son aveuglement.

Antigone est sans doute la figure tragique la plus belle du théâtre antique, parce qu'elle incarne la révolte d'un individu faible et démuni contre le pouvoir et ses lois iniques au nom de valeurs supérieures : **c'est la fameuse opposition entre les lois humaines et les lois divines** :

> – Créon : Et tu as osé passer outre à mon ordonnance ?
> – Antigone : Oui, car ce n'est certes pas Zeus qui l'a promulguée, et la Justice qui siège auprès des dieux infernaux n'en a point tracé de telles parmi les hommes. je ne croyais certes pas que tes édits eussent tant de pouvoir qu'ils permissent à un mortel de violer les lois divines : lois non écrites, celles-là, mais intangibles. Ce n'est pas d'aujourd'hui ni d'hier, c'est depuis l'origine qu'elles sont en vigueur, et personne ne les a vues naître. Leur désobéir, n'était-ce point, par un lâche respect pour l'autorité d'un homme, encourir la rigueur des dieux ? Je savais bien que je mourrais…Si je péris avant le temps, je regarde la mort comme un bienfait. » (2e épisode, v. 450-462)

En même temps, la personnalité d'Antigone est d'une émouvante complexité, à la fois ferme et un peu méprisante pour sa sœur Ismène, qui refuse de se révolter contre Créon, et fragile devant le tombeau, malgré son désir de mort. Créon symbolise le tyran ivre de son pouvoir, entêté, aveugle, bref possédé par l'*hybris*, la « démesure ». Personnage qui revient comme un leit-motiv dans la tragédie du Ve siècle athénien, si soucieux de démocratie. Cependant on peut réhabiliter Créon en voyant en lui la défense de valeurs collectives, le souci de la patrie, la raison d'Etat.

À côté de cela, la pièce recèle des passages admirables, comme le premier chœur, qui consiste en un célèbre éloge de la grandeur de l'homme et de ses inventions, dans une perspective purement humaine : « Il est bien des merveilles en ce monde, il n'en est pas de plus grande que l'homme... » (v. 332-375). Plus généralement, l'opposition entre deux visions du monde se double d'une opposition entre l'offense faite au monde de la lumière en laissant exposé un cadavre non enseveli, et celle faite au monde de l'obscurité, en laissant une jeune fille vivante enfermée dans la grotte où elle va périr.

Pour clore l'histoire des Labdacides il faut évoquer la dernière tragédie de Sophocle, composée à l'âge de quatre-vingt-dix ans, *Œdipe à Colone*.

On y voit Antigone accompagnant son vieux père en exil ; recru de fatigue, celui-ci arrive dans un bois, à Colone, (faubourg d'Athènes où Sophocle était né), lieu où Apollon a prédit qu'il finirait ses jours. Le chœur hésite à l'accueillir. Sa fille Ismène survient pour lui faire part du conflit entre ses deux fils, qu'Œdipe maudira. Le roi d'Athènes, Thésée, accueille l'exilé avec bonté. La fin de la tragédie est assombrie par les tentatives de Créon d'enlever Antigone et Ismène pour obliger Œdipe à revenir à Thèbes. Finalement, Œdipe disparaît mystérieusement, au milieu du tonnerre, après avoir transmis un secret bénéfique à Thésée et dit adieu à ses filles.

La figure d'Œdipe, à la fois dure, pathétique et mystérieuse, celle d'Antigone, entièrement dévouée à son père, la splendeur des chœurs (éloge de Colone, 2e chœur), la grandeur de Thésée, composent une pièce d'une grande beauté.

L'histoire des Labdacides a inspiré de nombreux poètes. **Sénèque**, au Ier siècle ap. J.C. a écrit un *Œdipe*, où l'on retrouve son goût pour les scènes violentes ou terrifiantes : le devin Tirésias, assisté de sa fille, se livre à une scène de nécromancie* saisissante, au cours de laquelle il invoque l'ombre de Laïos, qui désigne lui-même son fils comme son meurtrier ; et Jocaste se tue sur la scène, devant les spectateurs.

Par la suite le mythe a intéressé **Corneille** (*Œdipe*, 1659), mais en le modifiant profondément au profit d'une réflexion politique sur l'usurpation ; **Voltaire** (*Œdipe*, 1718), lui, insiste sur la galanterie, et donne libre cours à ses obsessions antireligieuses. La pièce antique ressuscite au XIXe siècle, et inspire au XXe l'*Œdipe* de **Gide** (1931), parodie des théories freudiennes (les deux fils d'Œdipe désirent leurs sœurs) et affirmation du désir de liberté de son auteur : Œdipe revendique sa bâtardise, quitte avec Corinthe un milieu familial étouffant, et affirme en face de Tirésias, incarnation de l'inquiétude religieuse, sa foi en l'homme, « seul mot de passe pour n'être pas dévoré par le Sphinx. »

La Machine infernale[1] de **Cocteau** (1931) remonte très avant dans la légende, (Œdipe n'apparaît qu'à la fin), dans une atmosphère contrastée de mystère inquiétant et d'anachronismes. Le titre suggère la marche du destin.

Le mythe d'Œdipe a également inspiré **deux opéras**, un de **Stravinski**, *Oedipus rex* (1927), sur un texte de Jean Cocteau traduit en latin, et *Œdipe* de **Georges Enesco** (1936)

Quant à l'histoire touchante d'Antigone, elle a inspiré à l'époque de la Renaissance l'*Antigone ou la piété* de **Robert Garnier** (1580), qui fait écho aux problèmes religieux et politiques du temps. À l'époque classique elle est à l'origine de *La Thébaïde ou les frères ennemis*, première pièce de **Jean Racine** (1664, adaptation des *Phéniciennes* d'Euripide), et, au XXe siècle, de deux versions théâtrales : l'*Antigone* de **Jean Cocteau** (1922), adaptation brillante et très moderne de la pièce antique, et surtout l'*Antigone*[2] de **Jean Anouilh**, brillamment écrite, mais qui fait disparaître la dimension morale de la pièce de Sophocle, au profit d'une vision plus purement psychologique de la jeune fille, enfant éprise de pureté en lutte avec des adultes corrompus.

---

1. Voir p. 55.
2. Voir p. 60.

II. La légende des Atrides
1. Tableau généalogique des Atrides

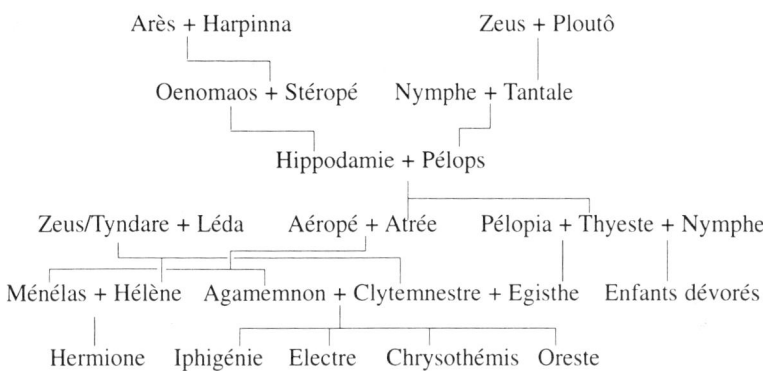

2. Les Atrides

L'histoire des Atrides (des descendants d'Atrée) est la plus célèbre des légendes antiques, la plus horrible par les crimes qui l'illustrent sur plusieurs générations, la mieux connue par le nombre de pièces de théâtre la concernant qui nous soit parvenu.

L'ensemble de la légende commence avec Tantale, connu pour son supplice aux Enfers, roi de Lydie, fils de Zeus et d'une nymphe. Tantale, ami intime de Zeus, avait invité les dieux de l'Olympe à un grand banquet ; soit pour mettre à l'épreuve l'omniscience de Zeus, soit plus prosaïquement par manque de provisions, il découpa son fils Pélops et en ajouta les morceaux au plat qu'il avait préparé. Tous les dieux furent dégoûtés, sauf Déméter qui, par distraction (elle était obnubilée par l'enlèvement de sa fille Perséphone par le dieu des Enfers), mangea un morceau de l'épaule gauche. Tantale fut éternellement condamné au supplice que l'on sait, ne pouvant ni boire l'eau d'un lac qui se retirait quand il se penchait, ni manger des fruits d'un arbre que le vent entraînait loin de lui. Quant à Pélops, il fut ressuscité par Zeus, rassemblé dans un chaudron par Hermès ; Déméter remplaça son épaule par une épaule en ivoire.
Par la suite, devenu roi de Lydie, il dut, persécuté par le roi de Troie, émigrer en Grèce chez Œnomaos, roi d'Arcadie. Il gagna la main de sa fille Hippodamie par une ruse : le roi avait promis d'accorder sa fille au prétendant qui le vaincrait dans une course de chars, le vaincu devant payer sa défaite par la mort. Œnomaos possédait le meilleur conducteur, Myrtile, et les chevaux les plus rapides ; il espérait ainsi être toujours gagnant, car, selon un oracle, le vainqueur devait être cause de sa propre mort. Leur laissant une demi-heure d'avance, le roi défiait un à un les prétendants, les

rattrapait et les dépassait, et les perçait de sa lance. Tantale obtint la complicité de Myrtile, qui scia en partie l'essieu du char d'Œnomaos ; le char se brisa, le roi se tua, et Pélops put épouser Hippodamie et obtenir le royaume de Pise en Elide. Il agrandit ses états, et leur donna le nom de Péloponnèse (« Ile de Pélops », en fait presqu'île).
Pélops eut deux fils, Atrée et Thyeste. Atrée épousa la fille d'Eurysthée et devint roi d'Argos. La prospérité de la famille était liée à la possession d'un bélier pourvu d'une toison d'or, donnée à Pélops par Hermès. Thyeste, jaloux de son frère, réussit à enlever le bélier, ainsi que la femme d'Atrée, Aéropé, et s'exila. Mais il ne put emmener les enfants qu'il avait eus d'une nymphe. La vengeance d'Atrée fut terrible : il feignit de se réconcilier avec Thyeste, l'accueillit dans un banquet somptueux ; mais il lui fit servir les restes de ses enfants, qu'il avait sacrifiés lui-même, et fit apporter dans un bassin leurs têtes, leurs mains, leurs pieds. Le soleil se cacha devant un tel crime.
Thyeste se vengea à son tour : il fit assassiner Atrée par Egisthe, un fils qu'il avait eu d'une autre union, lors d'un sacrifice, et monta à son tour sur le trône d'Argos.

    La seule pièce qui nous reste du théâtre antique nous contant l'histoire d'Atrée et de Thyeste est le *Thyeste* de **Sénèque**, le poète latin, imité d'une pièce perdue d'Euripide. L'ombre de Tantale, au début, remonte des Enfers, poussée par les Furies pour inspirer un crime nouveau dans le palais d'Atrée. Puis la pièce suit le récit mythologique, en insistant, selon le goût de Sénèque pour l'horreur, sur les faits les plus macabres et les sentiments les plus atroces.

    À la génération suivante, Atrée eut d'Aéropé deux fils, Agamemnon et Ménélas (selon d'autres traditions, ils étaient les enfants d'un autre fils de Pélops, Plisthène). Le premier fut roi d'Argos et de Mycènes ; le second, Ménélas, fut roi de Sparte. Les deux frères épousèrent les deux sœurs, filles de Tyndare, roi de Sparte, et de Léda, Clytemnestre et Hélène. Mais, comme Zeus, sous la figure d'un cygne, avait séduit Léda dans le même temps, celle-ci conçut quatre enfants, dont deux étaient les enfants de Tyndare, Clytemnestre et Castor, les deux autres étant fils de Zeus, Pollux et Hélène. D'où la beauté plus qu'humaine d'Hélène, cause indirecte de la guerre de Troie grâce à son enlèvement par Pâris (voir la guerre de Troie p.8). Or, avec le secours de Tyndare, les deux frères marchèrent contre Thyeste, qui préféra s'échapper dans l'île de Cythère.

    Désormais nous sommes en terrain plus connu, d'abord grâce à Homère, ensuite et surtout grâce à **l'*Orestie*** d'**Eschyle**, trilogie qui comprend les pièces suivantes : *Agamemnon, Les Choéphores, Les Euménides*, aux *Electre* de **Sophocle** et d'**Euripide**, à l'*Oreste* du même **Euripide**, et enfin à l'*Agamemnon* de **Sénèque**.

    L'histoire malheureuse d'Agamemnon fait partie des *Nostoï*, des « retours » qui marquèrent la fin de la guerre de Troie. Elle est évoquée dès le début de l'*Odyssée* : Zeus critique l'imprudence d'Egisthe, qui n'a pas écouté les dieux.

Les grands mythes illustrés par le théâtre moderne 31

> Ah ! misère...Ecoutez les mortels mettre en cause les dieux !
> C'est de nous, disent-ils, que leur viennent les maux,
> quand eux, en vérité par leur propre sottise,
> aggravent les malheurs assignés par le sort.
> Tel encore cet Egisthe ! Pour aggraver le sort,
> il voulut épouser la femme de l'Atride et tuer le héros
> sitôt qu'il rentrerait. La mort était sur lui : il le savait ;
> nous-même, nous l'avions averti,et, par l'envoi d'Hermès,
> le guetteur rayonnant, nous l'avions détourné
> de courtiser l'épouse et de tuer le roi,
> ou l'Atride en son fils trouverait un vengeur,
> quand Oreste grandi regretterait sa terre ; Hermès, bon conseiller, parla
> suivant nos ordres. Mais rien ne put fléchir
> les sentiments d'Egisthe. Maintenant, d'un seul coup, il vient de tout payer.
> (I, v. 29-41, trad. V. Bérard).

On remarquera dans ce passage de l'épopée l'**affirmation de la liberté humaine** ; contrairement à ce que l'on dit souvent à propos de la tragédie, les dieux ont beau tout conduire, ou plutôt avertir les hommes, souvent de façon obscure par l'entremise des oracles, ils laissent les hommes se perdre à loisir. On remarquera également que l'accent est ici mis sur Egisthe et la vengeance d'Oreste, non sur les responsabilités d'Agamemnon.

Dans cette première version de la légende, il n'est pas encore question d'Electre. L'*Iliade* mentionne certes qu'Oreste a trois sœurs (IX, v. 142-145), mais elles ont nom Chrysothémis, Laodicé et Iphianassa. Sans doute Electre est-elle la seconde.

Par la suite **Pindare**, dans sa *XIe Pythique* qui date de 474, soit seize ans avant l'Orestie, apporte de nouveaux traits, que l'on va retrouver dans la pièce d'Eschyle : Agamemnon est assassiné à son retour par Clytemnestre, avec sa captive troyenne, Cassandre, fille de Priam, « la vierge prophétesse » ; Clytemnestre agit soit par ressentiment pour le sacrifice d'Iphigénie, sa fille aînée, accompli avant le départ de l'expédition grecque sur l'ordre des devins pour que les vents soufflent, soit « subjuguée par un autre amour, égarée par ses nuits adultères » avec Egisthe. Le jeune Oreste est sauvé de l'exposition par sa nourrice et confié au roi de Phocide Strophios. Plus tard, il tue sa mère et Egisthe. On remarquera que la personnalité d'Egisthe passe au second plan, et que la responsabilité d'Agamemnon est soulignée par le poète, ainsi que celle d'Hélène, cause de la guerre de Troie.

Voici maintenant l'analyse des pièces antiques qui ont illustré la légende des Atrides.

3. Eschyle : l'*Orestie*

Agamemnon
À Argos. Le palais d'Agamemnon.

Un guetteur annonce le signal de feu qui marque la fin de la guerre et le retour d'Agamemnon. Le chœur de vieillards rappelle le sacrifice d'Iphigénie, l'enlèvement d'Hélène par Pâris ; les milliers de morts de la guerre causés par elle. Agamemnon paraît, écoute les protestations d'amour de sa femme, lui recommande sa captive Cassandre, qui, après le départ de la reine, prophétise sombrement l'assassinat du roi et le sien propre ; elle voit les Erynnies* acharnées contre Agamemnon et sa race, à cause du crime d'Atrée, et prédit la vengeance d'Oreste. On entend ensuite le cri d'Agamemnon assassiné dans sa baignoire ; Clytemnestre revendique le crime et sa liaison avec Egisthe ; celui-ci à son tour se vante d'avoir vengé son père Thyeste. Le chœur le menace de la vengeance d'Oreste.

Les Choéphores[1]
Même décor. Le tombeau d'Agamemnon.

Oreste, rentré d'exil avec son ami Pylade, fils du roi Strophios, dépose une boucle de cheveux sur le tombeau de son père en hommage. Il reconnaît sa sœur Electre parmi les jeunes filles du chœur portant des libations au mort. Electre reconnaît son frère à la boucle de ses cheveux et à la trace de son pas : le jeune homme doit punir les meurtriers d'Agamemnon.
Après les lamentations rituelles, on apprend un songe de Clytemnestre : elle s'est vue enfanter un serpent suçant un caillot de sang avec son lait. Oreste se reconnaît dans le serpent : il tuera sa mère. Usant de ruse, il demande l'hospitalité à la reine en se faisant passer pour un étranger qui a appris la mort d'Oreste. Clytemnestre feint la douleur, appelle Egisthe, qui se présente sans armes. Rentré au palais il pousse un cri, frappé par Oreste. La reine supplie en vain son fils de l'épargner. Mais celui-ci, après son crime, est frappé de délire : il est poursuivi par les Erynnies, et prend la fuite vers Delphes, pour se réfugier auprès d'Apollon.

Les Euménides
À Delphes, devant, puis à l'intérieur du temple d'Apollon ; ensuite à Athènes, sur l'Acropole, devant le temple d'Athéna.

La Pythie, prêtresse d'Apollon, a découvert dans le temple un suppliant couvert de sang. Près de lui sommeillent les Erynnies, endormies par le dieu. Celui-ci conseille à Oreste de se rendre à Athènes et de supplier Athéna. Là, il pourra être jugé par l'Aréopage.
Lors du procès, s'opposent deux visions du droit : la loi ancienne des dieux, préoccupée du parricide, symbolisée par les Erynnies, et la loi d'Athènes, plus sensible au meurtre entre époux. Apollon défend Oreste. Les voix des juges se partageant également, Athéna l'emporte en ajoutant sa voix aux partisans de l'acquittement. Oreste est libéré, et les Erynnies deviennent les *Euménides*, les Bienveillantes.

---

1. « Les porteuses de libations » au tombeau d'Agamemnon, c'est-à-dire le chœur.

4. Sophocle : *Electre*

À Mycènes, devant le palais d'Agamemnon, roi de Mycènes et d'Argos.

Oreste arrive à Mycènes avec son précepteur, envoyé par Apollon pour venger son père sans armes, par la ruse. Il se présente donc en étranger. Electre se plaint de son sort avec le chœur. Sa sœur Chrysthémis lui apprend qu'Egisthe et Clytemnestre veulent l'emmurer vivante ! Elle refuse de participer à des libations aux morts que Clytemnestre fait exécuter par Chrysthémis ; la reine a eu en effet un songe qui l'avertit du retour d'Oreste. Electre à la place fait déposer par sa sœur une boucle de cheveux sur la tombe, et rencontre sa mère s'y rendant. Les deux femmes se disputent violemment.
Puis le précepteur annonce la mort d'Oreste dans une course de chars. La reine se dit délivrée. Mais Chrysthémis qui a découvert une boucle de cheveux d'Oreste sur le tombeau, annonce son retour. Electre tente en vain d'entraîner sa sœur dans le meurtre d'Egisthe ; puis Oreste arrive avec Pylade, tenant une urne censée contenir ses propres cendres. Electre se lamente, puis, détrompée, se jette dans les bras de son frère. À la fin Oreste tue Clytemnestre ; Egisthe, ayant appris avec joie sa fausse mort, prend le cadavre voilé de sa femme pour celui du jeune homme, puis meurt lui aussi, détrompé.

5. Euripide : *Electre*

À la campagne dans les environs de Mycènes, devant la ferme du mari d'Electre.

Egisthe a marié Electre à un paysan vertueux, afin que sa postérité ne puisse prétendre à la vengeance. Oreste arrive avec Pylade, en feignant d'être un étranger venu donner des nouvelles d'Oreste. Le paysan les accueille avec bonté. Un vieil esclave arrive du tombeau d'Agamemnon, où il a trouvé une boucle de cheveux déposée en offrande. Il reconnaît Oreste à une cicatrice ancienne. Tous trois organisent le plan de la vengeance. Oreste, invité par Egisthe à sa maison de campagne dans le voisinage pour un sacrifice aux Nymphes, va tuer celui-ci tout en se faisant reconnaître de lui.
Quant à Clytemnestre, venue visiter sa fille qui vient prétendument d'accoucher, elle est assassinée par ses enfants après une violente querelle entre mère et fille.
La pièce se résout miraculeusement : les Dioscures, Castor et Pollux, frères d'Hélène et de Clytemnestre, viennent unir Electre et Pylade, et conseiller à Oreste, poursuivi par les Erynnies, de se rendre à Athènes pour être jugé par l'Aréopage.

6. Euripide : *Oreste*

À Argos, le palais d'Agamemnon.

Oreste, depuis le meurtre de Clytemnestre cinq jours auparavant, oscille entre la prostration et la démence. Il doit être jugé et craint la lapidation. Arrivent alors Ménélas et Hélène, de passage après sept ans d'errance. Ménélas refuse de défendre Oreste, qui, frappé de folie, veut tuer Hélène et sa fille Hermione. Heureusement Hélène peut fuir grâce à un esclave, et Apollon arrête le bras d'Oreste au moment où celui-ci va tuer la jeune fille et incendier le palais. Le dieu unit Electre et Pylade, Hermione et Oreste, rendu à la raison, et Hélène est changée en astre.

Nous avons ainsi la chance d'avoir une vue complète du mythe, en particulier de pouvoir comparer les trois versions d'*Electre*, cas unique dans ce qui nous reste du théâtre grec.

L'*Orestie* d'Eschyle a une dimension avant tout religieuse : elle illustre la **malédiction**, due à l'*hybris*, la « démesure » originelle, **qui se répercute de génération en génération** :

> Une démesure ancienne aime engendrer chez les mortels une démesure nouvelle, tôt ou tard, quand vient le jour marqué pour une naissance nouvelle, et en même temps une divinité indomptable, invincible, impie, l'audacieuse et noire Até (déesse de la vengeance), cruelle aux maisons. (*Agamemnon*, V.764-771)

Le crime de Clytemnestre se justifie dans cette perspective par le meurtre rituel d'Iphigénie, la reine incarnant la Justice divine (la Némésis) en tuant Agamemnon. Mais ce crime appelle un autre crime, celui d'Oreste. Cependant cette antique conception du droit qui punit les crimes accomplis sur des personnes du même sang, symbolisée par les Erynnies qui poursuivent Oreste partout où il va, fait place, dans les Euménides, à une justice plus soucieuse des liens du mariage, aussi forts que ceux de la parenté, représentée par Apollon et Athéna, et incarnée par l'antique tribunal athénien de l'Aréopage.

La pièce de Sophocle est au contraire purement humaine : l'oracle d'Apollon qui ordonne à Oreste de venger son père n'apparaît pas, et la pièce finit abruptement, sans l'apparition des Erynnies. L'intérêt se déplace vers Electre, en violente rivalité avec sa mère, et incarnant un amour exclusif de son père défunt, d'où sa haine de Clytemnestre. Son amour pour son frère qu'elle croit défunt est lui aussi extrêmement pathétique.

La pièce d'Euripide renouvelle le mythe dans d'autres directions, plus romanesques, qui inspireront directement Giraudoux. L'atmosphère générale se déplace vers une atmosphère champêtre et familiale, avec le mari d'Electre, les sacrifices aux nymphes, l'accouchement supposé de la jeune femme. Euripide se moque d'ailleurs ouvertement de son prédécesseur Eschyle, quand Electre se demande comment ses cheveux pourraient ressembler à ceux d'Oreste, et comment le frère et la sœur pourraient avoir la même trace de pas. Cependant les caractères ne ressortent que mieux sur ce fond campagnard : Electre est d'une duplicité effrayante avec sa mère, alors que chez Sophocle elle est d'une franchise décapante, et Oreste est un hôte redoutable pour Egisthe.

Dans sa pièce *Oreste*, Euripide renouvelle les remords du jeune homme après son crime : plus d'Erynnies, mais tous les symptômes d'une dépression profonde, puis d'une folie meurtrière. L'intrigue, romanesque et peu crédible, met en valeur une vision du monde plus moderne, plus médicale en quelque sorte, des remords d'Oreste.

On retrouvera une dernière fois dans l'Antiquité la famille d'Atrée dans l'*Agamemnon* de **Sénèque** (Ier siècle ap. J. C.) ; l'ombre de Thyeste rappelle dans le prologue les crimes de la famille ; c'est Electre qui confie son jeune frère Oreste à Strophios, roi de Phocide, avant de maudire sa mère et Egisthe, qui la font enfermer. Avant de mourir, Cassandre prédit le crime d'Oreste.

Par la suite, les classiques s'intéresseront peu au cas d'*Electre*, préférant, comme Racine, s'intéresser au sacrifice d'Iphigénie ou au combat d'Etéocle et Polynice (*La Thébaïde*). La jeune fille redeviendra à la mode au XVIIIe siècle avec **Crébillon** (1708), **Voltaire** (1750) et **Alfieri** (1783). Les intrigues se compliquent d'éléments romanesques et politiques. La fin du XIXe et le XXe siècle sont par contre riches en versions modernes du mythe, dont les plus connues sont l'opéra d'**Hoffmannsthal** et **Richard Strauss** *Elektra* (1909), la pièce de l'américain **Eugene O'Neill** *Le Deuil sied à Electre* (*Mourning becomes Electra*, 1931), et en français l'*Electre* de **Jean Giraudoux** (1937) et *Les Mouches* de **Jean-Paul Sartre** (1943), dont le héros est, il est vrai, le personnage d'Oreste.

III. LE MYTHE D'AMPHITRYON

1. L'*Amphitryon* de Plaute

La légende d'Amphitryon n'est plus guère connue pour l'Antiquité que par l'*Amphitryon* de Plaute. C'était pourtant, aux dires de Mercure dans le prologue, « une bien vieille histoire que nous allons vous présenter, sous une forme nouvelle » (v. 118). Il s'agissait, toujours selon Mercure, d'une « tragi-comédie », genre du répertoire grec sur le sol italien, qui reprenait à l'épopée des personnages nobles, dieux et héros, tout en multipliant les quiproquos et les bastonnades. On pourrait parler aussi de « comédie héroïque », puisque la pièce ne nous raconte rien de moins que la naissance d'Hercule, fils d'Alcmène et de Jupiter.

Or Hercule, ou en grec Héraklès, était un héros populaire dans tout le monde antique ; fruit de l'union d'un dieu et d'une mortelle, il était appelé à purifier la terre de ses monstres et à secourir les humains, ce qui, plus tard, le fera assimiler au Christ. Alcmène était la seizième et dernière mortelle séduite par Jupiter, la plus belle et la plus vertueuse. D'où la nécessité pour le roi des dieux d'éloigner son mari en prenant sa place !

À l'origine, Amphitryon, fils d'Alcée et petit-fils de Persée, était un héros Argien, comme les Atrides. Son oncle Electryon, roi de Mycènes, lui avait confié sa fille Alcmène, tandis qu'il allait combattre le roi Ptérélas et son peuple, les Téléboens (peuple mythique d'Acarnanie, à l'entrée du golfe de Corinthe) ; les fils de Ptérélas, en effet, au cours d'une incursion à Argos, avaient dérobé les troupeaux d'Electryon.
Mais Amphitryon tua son futur beau-père par accident, et dut s'exiler avec Alcmène ; ils trouvèrent refuge à Thèbes, où le roi Créon le purifia de sa faute.

> Pour obtenir la main d'Alcmène, qui voulait venger la mort de ses frères, il dut faire la guerre à Ptérélas et aux Téléboens pour les obliger à rendre leur butin. C'est de Thèbes qu'il lança son expédition, avec l'aide du roi Créon. Pendant cette expédition, Jupiter vint trouver Alcmène sous les traits d'Amphitryon.

La pièce de **Plaute** se passe donc à Thèbes, qui sera la ville de naissance d'Hercule. Mais Amphitryon est devenu un chef de mercenaires au service du roi Créon, qui a besoin de lui pour asseoir son autorité.

Plaute a en effet supprimé les données initiales : le meurtre d'Electryon, la souillure religieuse qui s'ensuit, le refus d'Alcmène de se donner à lui s'il ne venge pas ses frères. Le général s'est éloigné de ses modèles grecs pour devenir foncièrement romain : il se conduit en « imperator », investi du commandement suprême, observe les rites romains qui précèdent la bataille, y intervient en personne. On a rapproché cette figure des généraux des guerres puniques contemporaines de Plaute.

Alcmène elle-même, loin des caricatures de la comédie nouvelle (cf. page 14), est un modèle de vertu romaine.

La grande innovation de Plaute est l'invention du valet Sosie, dont Mercure prend la figure, comme Jupiter revêt l'aspect d'Amphitryon.

Les esclaves jouent en effet un rôle essentiel dans le théâtre de Plaute et de Térence (cf. page 17), aidant par leurs astuces et leurs mensonges leurs jeunes maîtres à triompher des vieux barbons. Mais **Sosie est une figure originale** : loin d'être vantard et astucieux, il est constamment la dupe de Mercure et se fait rosser en permanence.

La pièce dut être jouée vers 189 av. J.-C., à l'occasion de Jeux votifs en l'honneur de Jupiter, ou lors du triomphe d'un général vainqueur.

Comme toutes les comédies de Plaute, elle alternait les parties parlées (*diverbia*) et les parties chantées (*cantica*). Le jeu était très appuyé ; les acteurs étaient soutenus par des chanteurs dans les parties lyriques.

La langue de Plaute, particulièrement inventive et variée, ne craignait ni les calembours ni la parodie.

> **Prologue :** Mercure, en tant que dieu du commerce, promet de favoriser les affaires des spectateurs s'ils écoutent les acteurs. Il explique le genre de la pièce, entre la comédie et la tragédie, et expose les données de base : avant son départ pour son expédition, Amphitryon a fait un enfant à son épouse. Jupiter en a fait autant, en venant la visiter sous l'apparence de son mari, tandis que Mercure a pris l'apparence de Sosie. Alcmène attend donc des jumeaux ! Or le véritable Amphitryon et le véritable Sosie sont de retour. Mercure va empêcher Sosie d'entrer.
> **Acte I.** Sosie, peureux de revenir de nuit, vient faire à Alcmène le récit de la bataille et de la victoire de son maître. Mercure lui barre la porte et le roue de coups chaque fois qu'il prétend être Sosie. Il prouve qu'il est bien Sosie en révélant le cadeau de Ptérélas à Amphitryon : sa coupe d'or. Sosie repart auprès de son maître (1). Le dieu annonce qu'il va rendre fou toute la maisonnée, mais prédit la réconciliation finale des époux et la naissance des jumeaux (2). Jupiter prend congé d'Alcmène en prétextant qu'il a quitté l'armée en secret. Alcmène exige un gage d'amour : Jupiter lui donne la coupe du roi Ptérélas (3).

Acte II. Amphitryon ne comprend rien au récit de Sosie, dont un autre Sosie a volé l'identité et l'apparence, et le menace de coups ! (1) Alcmène et Amphitryon se retrouvent ; la première est fort étonnée d'un si prompt retour. Amphitryon découvre le coffret de la coupe, mais elle n'est pas à l'intérieur. Jaloux, il décide une enquête auprès de Naucratès, un parent qui était sur son bateau (2).
Acte III. Jupiter explique ses transformations, et annonce son retour sous les traits d'Amphitryon ; il veut faire accoucher Alcmène des deux enfants le même jour (1). Scène puis réconciliation entre les amants (2). Jupiter demande à Sosie d'inviter Blépharon, le pilote, puis à Mercure d'empêcher Amphitryon de rentrer chez lui, pendant qu'il sera avec sa femme (3). Mercure arrive en courant et annonce son plan : il feindra l'ivresse et fera fuir Amphitryon, avant de rosser Sosie (4). Amphitryon a cherché son ami Naucratès sans le trouver. Il veut interroger sa femme, mais la porte est fermée (5). Mercure, du haut du toit, feignant l'ivresse, injurie Amphitryon, qui le menace à son tour (6). *(Lacune de trois cents vers environ. Sans doute la dispute continuait-elle. Alcmène, sortant au bruit, était prise à partie par son mari. Jupiter traitait Amphitryon de voleur et de séducteur. Tous deux accablaient le malheureux Blépharon, amené par Sosie, incapable de reconnaître le vrai Amphitryon !)*
Acte IV. Après le départ de Blépharon, Amphitryon a l'intention d'aller trouver le roi pour se venger. Il veut forcer la porte, quand le tonnerre retentit. Il tombe par terre (scène unique).
Acte V. Bromia, la servante d'Alcmène, se lamente : aux premières douleurs Alcmène a invoqué les dieux ; aussitôt le tonnerre a retenti ; une voix a rassuré la maisonnée. Alcmène a accouché de deux enfants en secret. Bromia aperçoit Amphitryon à terre, tremblant de peur. Elle le rassure en lui racontant l'accouchement ; l'un des enfants a terrassé deux serpents venus d'en haut, tandis que Jupiter a avoué sa liaison avec Alcmène et sa paternité. Amphitryon, flatté, prépare un sacrifice (1). Jupiter rassure Amphitryon. Le fils du dieu, Hercule, rendra le général célèbre. Alcmène est innocente. Le dieu remonte au ciel (2).

Amphitryon compte cinq personnages principaux, les dieux Jupiter et Mercure, leurs doubles humains, Amphitryon et Sosie, et Alcmène. Les autres sont secondaires. Un objet, la coupe du roi Ptérélas, joue un rôle important dans l'intrigue.

On peut reconnaître dans les personnages des **types de la comédie** : Alcmène serait la jeune femme désirable, Jupiter le jeune homme amoureux, Amphitryon le vieillard obstacle au désir. Mercure serait l'esclave du jeune homme, Sosie celui du vieillard. Mais l'intrigue se démarque des conventions habituelles : la partie est gagnée d'avance par Jupiter. La seule tâche de Mercure est d'écarter les importuns pendant la nuit d'amour des amants, que la nuit favorise en se prolongeant.

L'ensemble est construit sur une série de quiproquos qui amènent le couple modèle Amphitryon-Alcmène à douter de leur fidélité et de leur identité. L'intrigue débouchant sur la naissance d'Hercule, dont la paternité terrestre doit être assumée par Amphitryon, évoque le drame bourgeois plus que la comédie, à part évidemment les scènes de farce entre Sosie et Mercure. On peut aussi considérer la pièce comme une **suite de séquences comiques**, mettant en valeur une série de rôles : l'esclave peureux, le militaire fanfaron, la vieille qui se lamente, etc., ou encore une alternance de crises et d'accalmies.

Le comique est très étendu dans ses procédés, du comique de gestes et de mots, à celui des situations et des caractères ; le **procédé du double**, qui engendre déguisements, tromperies et malentendus, en fait tout le prix, non sans répétitions dans les effets.

Le mythe d'Amphitryon a eu une longue postérité. Giraudoux croyait, en 1929, que sa version était la 38e[1], il semble qu'il y en ait eu une bonne cinquantaine dans toute l'Europe, de l'antiquité à nos jours ! Toutes portent la marque du génie de Plaute, entre la farce et la comédie légère, avec évidemment le reflet des goûts de chaque époque.

Trois adaptations sont particulièrement remarquables avant Giraudoux : celles de Rotrou et de Molière au XVIIe siècle en France, et celle de Kleist en 1807 en Allemagne.

2. Jean Rotrou

Jean Rotrou (1609-1650), dans sa comédie *Les Sosies* (1636), complète agréablement la pièce de Plaute en comblant les lacunes du texte, invente une suivante d'Alcmène, Céphalie, et caractérise davantage les caractères : on y voit un Jupiter distant, un Mercure discret, une Alcmène qui est un modèle de politesse mondaine, un Amphitryon valeureux, et un Sosie goguenard, à la fois couard et beau parleur. Cependant Rotrou garde à la fin les prodiges qui précèdent l'apparition de Jupiter, et met en valeur les futurs exploits d'Hercule.

3. Molière

Molière dans son *Amphitryon* (1668) reprend largement la pièce de Rotrou, mais avec une virtuosité et un charme dans la versification tout à fait originaux. Il diminue l'importance des données mythiques : le tonnerre jupitérien ne résonne plus, le merveilleux s'affiche comme un procédé de théâtre. Mais il invente le brillant prologue où l'on voit Mercure prier la Nuit de se prolonger afin de cacher les amours de Jupiter et Alcmène, double sur le mode bouffon les amours des maîtres par ceux des valets, Sosie et Cléanthis, la suivante d'Alcmène, transforme Jupiter en psychologue subtil et précieux quand il établit une différence dans les relations amoureuses entre « amant » et « mari ».

Toute la fin est modifiée : l'annonce de la naissance d'Hercule se réduit à un vers, Alcmène ne paraît pas de tout le dernier acte, Amphitryon reste sans voix, tandis que Sosie souligne sa mésaventure conjugale.

---

1. Voir p. 80.

Surtout, la comédie prend **un sens allégorique* d'actualité** : elle dépeint avec complaisance les amours de Louis XIV avec Madame de Montespan et les déboires du mari dans une atmosphère galante et festive, tout en se moquant des relations de cour.

Désormais c'est Molière que l'on imite plus que Plaute. En 1690, l'anglais **John Dryden** fait représenter *Amphitryon or the two Sosias*, avec une musique de Purcell. Le dramaturge y souligne assez crûment le despotisme de Jupiter et ses ébats licencieux. Au XVIIIe siècle c'est l'opéra qui redécouvre le mythe, avec en particulier un *Amphitryon* de **Grétry** et **Sedaine** (1786).

4. Heinrich von Kleist

Mais c'est le dramaturge allemand Heinrich von Kleist, plus connu aujourd'hui comme l'auteur du *Prince de Hombourg*, qui renouvelle le mieux le sujet avant Giraudoux. Son *Amphitryon*, « une comédie d'après Molière », abandonne tout prologue et s'ouvre sur un monologue de Sosie. La coupe du roi Ptérélas, qui s'était déjà changée en diamants dans la pièce de Molière, devient ici le diadème de Labdacos (souvenir d'*Œdipe roi*), où Alcmène découvre avec horreur un J gravé, et non pas le A d'Amphitryon, ce qui lui rappelle les subtiles distinctions entre amant et mari faites par le faux Amphitryon, et lui fait craindre de perdre sa réputation. La scène suivante voit Jupiter essayant d'apaiser la jeune femme tout en augmentant son trouble, en lui laissant entrevoir son identité, sans la révéler : « Ce n'était pas un mortel qui t'est apparu, c'est Zeus lui-même, le dieu du tonnerre qui t'a visitée. » (II,5) Il y a là un petit chef-d'œuvre de subtilité et de sensualité. Au dernier acte, Alcmène, troublée, prend Jupiter pour son mari, avant d'être détrompée par lui ; et c'est Amphitryon qui, après avoir maudit son rival devant le peuple, demande au roi des dieux un fils « grand comme les Tyndarides » (c'est-à-dire les descendants de Tyndare, père d'Hélène et de Clytemnestre).

L'essentiel demeure la **nouvelle personnalité d'Alcmène**, devenue le **centre de la pièce**. Soumise à des cas de conscience torturants, éprouvant une culpabilité proche de la conscience chrétienne, mais aussi découvrant avec effroi son trouble amoureux devant Jupiter, elle avoue à la fin « la paix de mon âme est brisée », et sa dernière réplique, après le retour de Jupiter au ciel, est étrangement emprunte de nostalgie : « – Amphitryon : Alcmène ! – Alcmène : Hélas ! » (III, 11). Quant à Jupiter, il a le souci nouveau d'être aimé pour lui-même, et non pas révéré conventionnellement.

On verra comment Giraudoux a renouvelé ce vieux mythe dans un cadre à la fois héroïque et merveilleux (cf. p. 80).

IV. LE MYTHE D'ORPHÉE

Le mythe d'Orphée a toujours charmé les poètes, les musiciens et les peintres, comme en témoignent les nombreuses œuvres qu'il a inspirées. C'est aussi **un mythe complexe, riche en symboles**. Par ailleurs, à côté de la légende, il existe une doctrine ésotérique*, l'orphisme, dont il est censé être l'auteur, et qui a marqué profondément les penseurs de l'Antiquité, et même le christianisme naissant.

> Orphée était le fils d'Oeagre, roi de Thrace, au nord de la Grèce, et de la muse Calliope, la plus éminente des Muses, protectrice de la poésie épique. On l'a dit aussi fils d'Apollon et de Clio, la Muse de l'histoire, et père de Musée et disciple de Linos, autres chanteurs mythiques célèbres. La Thrace est d'ailleurs proche de l'Olympe, le séjour des dieux. Orphée est représenté avec le costume trhace. Merveilleux musicien, il chante et joue de la cithare, dont il est peut être l'inventeur, ou au moins lui avait-il ajouté deux cordes (elle passa ainsi de sept à neuf cordes, le nombre des Muses). Ses chants étaient si suaves que les bêtes féroces, les oiseaux, les pierres le suivaient, les fleuves suspendaient leur cours, et les arbres se penchaient vers lui ; il adoucit aussi les mœurs barbares des Thraces.
> Après un voyage en Égypte, Orphée fut un des membres de l'expédition des Argonautes (les « Marins du navire Argô »), qui, sous la direction de Jason, alla quérir la Toison d'or en Colchide, au fond de la Mer noire, et ramena Médée, la magicienne, comme épouse de Jason. Orphée ne ramait pas, mais donnait la cadence aux rameurs. Au cours d'une tempête, il calma les marins et apaisa les flots. Initié aux mystères des Cabires, les prêtres de Perséphone, (la femme de Pluton,) qui sauvent les marins dans les naufrages, il les engagea à se faire initier à leur tour ; il aida le navire à franchir les terribles Symplégades, rochers qui se resserraient sur les bateaux. Au retour de Colchide, il permit au navire de dépasser sans encombre l'île des Sirènes, en surpassant la douceur de leur chant par la magie du sien. (Une génération plus tard, elles devaient tenter les marins d'Ulysse, sans plus de résultat, grâce cette fois à la ruse du héros, qui boucha les oreilles de ses compagnons avec de la cire !)

Mais l'**épisode le plus célèbre du mythe est la descente aux enfers du demi-dieu** pour essayer d'en ramener sa femme Eurydice, épisode qui eut un énorme succès chez les poètes alexandrins (IIIe-Ier siècles av. J. C.), avant d'être magnifié chez les latins par **Virgile** dans les *Géorgiques* (IV, 453 et sv.) et par **Ovide** dans ses *Métamorphoses* (X, début, et XI, début).

> Eurydice, nymphe fille d'Apollon, un jour qu'elle se promenait le long du fleuve Pénée, dans le val de Tempé cher aux Muses, près de l'Olympe, fut poursuivie par le berger Aristée. En courant elle fut piquée par un serpent et mourut. Orphée, inconsolable, franchit les portes de l'Enfer en Epire, charma le chien Cerbère et les trois juges Minos, Eaque et Rhadamanthe, interrompit un moment les supplices des damnés, et enfin adoucit le terrible Hadès qui lui permit de ramener Eurydice vers la lumière, à condition qu'il ne se retourne pas vers elle sur le sombre chemin du retour. Presque arrivé à la lumière, il se retourna, saisi d'un doute : Eurydice disparut pour toujours.

Désormais Orphée va enseigner aux hommes **les hauts mystères qui constituent la doctrine orphique**, en opposition avec la mythologie traditionnelle, et qui étaient révélés lors de cérémonies initiatiques ; et la purification comme genre de vie. Il s'agissait, en pratiquant une alimentation végétarienne, de s'abstenir de la consommation de viande, et donc de refuser la participation aux sacrifices aux dieux, et de contester ainsi le bien-fondé de la religion olympienne. Une autre règle de l'orphisme est l'abstention du suicide, assimilée à un meurtre.

> Le destin final d'Orphée est tout à fait remarquable. Une fois revenu en Thrace, le poète ne cessait de pleurer et de chanter en s'accompagnant sur sa lyre. Les Ménades* de Thrace cherchèrent à le consoler, mais en vain ; il irrita alors Dionysos en condamnant les débordements des Ménades, et Héra, déesse du mariage, en prêchant l'homosexualité.
> Finalement les Ménades, lors de leurs orgies*, le mirent en pièces et jetèrent sa tête et sa lyre dans l'Hébros, mais la tête flottait en chantant jusqu'à la mer, qui l'emporta à l'île de Lesbos. les Muses recueillirent ses membres en pleurant et les ensevelirent dans le massif de l'Olympe. La lyre fut déposée à Lesbos dans le temple d'Apollon, avant d'être changée en constellation. Ainsi mourut déchiqueté par les femmes celui qui avait refusé le deuil de sa femme.

Le mythe se prête à une multitude d'interprétations, en particulier la descente et la remontée aux Enfers, qui constitue une sorte de rite initiatique de descente et de remontée vers la lumière, mais aussi d'oubli de la loi de Perséphone. Mais l'essentiel est le pouvoir magique du chant, qui continue au-delà de la mort.

Cette fable a inspiré de nombreux poètes et philosophes grecs (Platon, Eschyle, Euripide, Apollonios de Rhodes) et latins (Ovide, Virgile), sans compter les *Chants orphiques*, attribués à Orphée, qui exposèrent, à différentes époques, la doctrine du chanteur.

À l'époque moderne, Orphée a inspiré deux chefs-d'œuvre absolus de l'opéra, l'*Orfeo* de **Monteverdi** (1607), une des toutes premières œuvres du genre, dont les récitatifs et les airs sont d'une sublime beauté, et l'*Orphée* de **Gluck** (1761), œuvre où le musicien allemand voulait restaurer la simplicité de la tragédie antique face à la tragédie en musique française de Rameau. Dans le genre mineur de l'opérette, **Offenbach**, sous le second empire, a parodié le mythe dans *Orphée aux enfers*, dont les couplets endiablés sont vite devenus célèbres.

Mais la version du mythe la plus connue aujourd'hui est celle de **Cocteau**, que le poète a donné sous plusieurs formes : en 1927 une pièce intitulée *Orphée* (voir page 85), qui transpose le mythe à l'époque moderne et médite sur la mort et le temps, et en 1949 un film du même titre qui reprend des thèmes analogues dans une atmosphère surréalisante remarquablement efficace, que devait suivre un autre film, très personnel, du même auteur, *Le Testament d'Orphée* (1960).

Jean Anouilh, de son côté, a fait jouer en 1941 une pièce intitulée *Eurydice*, où le dramaturge a transposé le mythe dans le petit monde des acteurs et des musiciens de tournée qu'il connaissait bien depuis son enfance (voir page 60). La pièce, trop complexe et trop réaliste, est moins réussie qu'*Antigone*, de la même période, mais souvent émouvante.

LA RÉSURRECTION DES MYTHES DANS LE THÉÂTRE DU XXe SIÈCLE

À partir de la Renaissance, les mythes antiques n'ont jamais cessé d'irriguer le théâtre européen, cantonné pendant le Moyen Âge dans les mystères religieux et la veine satirique. Sous l'influence de l'Humanisme, mouvement qui fut à l'origine de la redécouverte des textes antiques, et d'une vision du monde centrée sur le destin humain et non plus sur la Révélation divine, les dramaturges, pendant les XVIe et XVIIe siècles, utilisèrent abondamment le réservoir de mythes légués par l'Antiquité pour élaborer un théâtre dont les deux pôles furent, à l'imitation des anciens, la tragédie et la comédie.

Robert Garnier, en particulier, au XVIe siècle, traita de nombreux sujets grecs (*Hippolyte*, 1573, *La Troade*, 1574, *Antigone*, 1580), latins et bibliques (*Les Juives*, 1583), dans un style poétique foisonnant et pathétique.

Le siècle suivant devait connaître les plus belles productions théâtrales de langue française inspirées par l'antiquité.

Si **Corneille** préféra souvent trouver son inspiration dans l'histoire romaine, il ne négligea cependant pas totalement la mythologie dans des pièces « à machines » (*Andromède*, 1650, *Œdipe*, 1659, *La Toison d'or* 1660, *Psyché* 1671). **Racine**, lui, lut avec ses maîtres de Port-Royal les dramaturges grecs dans le texte, et par la suite les transposa, souvent à travers les versions de Sénèque, dans les chefs-d'œuvre que l'on sait (*Andromaque*, 1667, *Iphigénie*, 1674, *Phèdre*, 1677), tandis que **Molière** devait adapter brillamment l'*Amphitryon* de Plaute (1668).

Le XVIIIe siècle apporte peu de changements par rapport au classicisme. **Crébillon** s'énorgueillit, avec *Atrée et Thyeste* (1707), d'orienter, dans le sillage de Sénèque, la tragédie vers l'horreur, tandis que **Voltaire** fait jouer un *Œdipe* (1718) où ses préoccupations politiques et religieuses prennent le pas sur l'histoire des Labdacides. Le goût du siècle des Lumières s'oriente en effet vers le drame bourgeois, plus proche des préoccupations des spectateurs.

Le romantisme au siècle suivant s'oriente vers d'autres sources d'inspiration, tirées du Moyen Âge, de l'orient et des littératures et de l'histoire européennes (influence de Shakespeare, de l'Espagne et de l'Italie). Mais la culture antique ne cessa jamais d'irriguer littérature et philosophie, et le théâtre grec revint à la mode à la fin du XIXe siècle, avec le développement de la philologie* et de l'archéologie. En particulier l'acteur

Mounet-Sully fit triompher à la Comédie française par son jeu pathétique une reprise mémorable d'*Œdipe roi*.

I. LE THÉÂTRE AU XXe SIÈCLE

L'Entre-deux guerres et l'Occupation (1918-1944) furent des époques fastes pour le théâtre en France. Après une fin de siècle marquée par le naturalisme du Théâtre libre d'Antoine, qui mit en scène des adaptations de Zola, et le symbolisme du Théâtre de l'œuvre de Lugné-Poe, qui joua en particulier le *Pélléas et Mélisande* de Maeterlinck, *L'Annonce faite à Marie* de Claudel, et *Ubu roi* d'Alfred Jarry, le théâtre après la grande guerre fut puissamment renouvelé à la fois dans la mise en scène et l'écriture dramatique.

Le metteur en scène **Jacques Copeau** (1879-1949), qui fonda par ailleurs avec André Gide et Jean Schlumberger la N.R.F. (revue, puis maison d'édition), imposa dans son théâtre du Vieux Colombier une interprétation sobre des textes et une mise en scène stylisée, dominée par de savants éclairages. Deux de ses acteurs, **Charles Dullin** (1885-1949) et **Louis Jouvet** (1887-1951), allaient à leur tour fonder des troupes célèbres. Le premier, « aristocrate authentique de l'âme et du cœur » (Jean-Louis Barrault), fonda l'Atelier en 1922, une troupe qui joua aussi bien Molière ou le théâtre élisabéthain que les modernes comme Achard, Salacrou, Pirandello. Ce fut lui qui créa *Les Mouches* de Sartre en 1943. Dullin joua lui-même des personnages ambitieux et rusés, auxquels son physique anguleux et son regard d'aigle, sa diction précautionneuse, donnaient un relief saisissant. Spectacle total, ses mises en scène alliaient tous les genres scéniques.

Louis Jouvet est plus connu de nos jours grâce au cinéma. Sa diction sèche et détachée, son cynisme apparent sont restés célèbres. À la Comédie des Champs Elysées puis à l'Athénée, il créa une troupe brillante avec des acteurs de premier plan comme Pierre Renoir ou Valentine Teyssier. Son nom est associé pour la postérité à celui de Giraudoux, dont il créa toutes les pièces jusqu'à *Ondine* (1939), mettant en valeur son style raffiné et la profondeur de sa pensée.

Dullin et Jouvet fondèrent en 1927 avec Gaston Baty (1882-1952) et Georges Pitoeff (1884-1939), une association baptisée le Cartel, qui voulait lutter contre une théâtre jugé trop commercial et favoriser une politique de répertoire. Baty donna libre cours à une conception du théâtre sensuelle et luxueuse, influencée par les recherches des metteurs en scène allemands ; ce fut lui qui créa l'*Opéra de quat'sous* de Bertold Brecht en France (1930). Mais il joua aussi Musset ou Shakespeare. Quant à Pitoeff, d'origine russe, il forma avec sa femme Ludmilla un couple étrange, brûlé par la passion du théâtre, qui servit, dans des mises en scène dépouillées, beaucoup d'auteurs étrangers (Ibsen, Tchékov, Pirandello, etc.).

L'époque est dominée par quelques tendances essentielles, servies par des auteurs dont le prestige dure encore : **comédie de boulevard** (Achard, Sacha Guitry), **comédie de mœurs** (Jules Romains ; Marcel Pagnol), farce (le belge Crommelynck), **drame** (Lenormand, Vildrac). Le Dadaïsme, puis le Surréalisme connurent des recherches intenses dans le domaine de la mise en scène, de l'architecture théâtrale, de la dramaturgie. *Victor ou les enfants au pouvoir*, de Roger Vitrac (1899-1952) est restée au répertoire, mais c'est surtout l'acteur et poète Antonin Artaud (1896-1948) qui est connu aujourd'hui comme théoricien du « Théâtre de la cruauté ».

II. LE RETOUR AU MYTHE

Cependant, l'essentiel de la production théâtrale de l'entre-deux guerres se situe dans le sillage du « retour au mythe », dans un ensemble de créations artistiques inspirées du néoclassicisme. Ce mouvement se perçoit alors dans tous les arts, en réaction aux -ismes qui se succédèrent entre 1880 et 1920. En musique, Igor Stravinsky, après la période révolutionnaire des Ballets russes (*Le Sacre du printemps* (1913), *Noces* (1917), revint à une esthétique plus traditionnelle en même temps qu'aux mythes grecs dans des ballets comme *Apollon Musagète* (1927) et surtout dans deux opéras, *Oedipus rex* (1927) et *Perséphone* (1934). En peinture, André Derain ou l'italien Giorgio de Chirico, après diverses périodes marquées, pour l'un par le fauvisme, pour l'autre par le surréalisme, revinrent eux aussi au classicisme d'inspiration antique, tandis que le sculpteur Bourdelle créa de puissantes figures antiques comme son *Héraclès*. Même l'architecture, après le style Art nouveau des années 1900, fut marquée par un dépouillement et un sens de l'équilibre des masses qui reprenait des valeurs classiques.

Mais c'est au théâtre que le néoclassicisme et le retour au mythe connurent leurs sommets, avec **un besoin de renouveler la tragédie**.

L'horreur de la grande guerre suscita, en même temps qu'un besoin de révolutionner les arts, un retour à un besoin de valeurs qui favorisa un nouvel humanisme, dont la N.R.F., par ailleurs, était le vecteur sur le plan littéraire. Or **l'utilisation des mythes et des formes antiques permettait de parler des problèmes de l'actualité de manière neuve et poétique, en en réinterprétant les données**. La tragédie n'était-elle pas par ailleurs sortie du mythe de Dionysos ? Or, même si la dimension religieuse de la tragédie antique s'était perdue, même si le traitement des mythes était souvent irrévérencieux et parodique, les figures d'Ulysse et d'Hector, d'Œdipe, d'Electre, d'Antigone, de Prométhée ou de Thésée, sollicitaient toujours l'imagination et la réflexion philosophique ou politique, en liaison avec les graves problèmes de l'heure, la menace fasciste et la lutte des démocraties pour la liberté.

D'ailleurs, pendant l'Occupation, la tragédie et les mythes grecs connurent un regain de popularité ; nombreuses furent les reprises d'Eschyle, de Sophocle et d'Euripide. La *Phèdre* de Racine connut un grand succès dans la mise en scène de Jean-Louis Barrault.

Ce succès fut peut-être dû au **rôle du destin** dans ces pièces, qui rejoignait dans l'inconscient collectif l'impression de fatalité éprouvée par les Français devant la défaite de 1940 et l'occupation allemande.

Un autre aspect du succès des mythes antiques dans la première moitié du XXe siècle est à chercher du côté du **néo-paganisme** qui accompagnait le sport de masse, le culte du corps et de l'éducation collective, en vogue dans les régimes totalitaires. La résurrection des Jeux olympiques à la fin du XIXe siècle s'inscrit dans ce mouvement.

III. LES MYTHES À SUCCÈS

Dans le foisonnement de la mythologie et des sujets de pièces antiques qui en furent tirés, seul un petit nombre de mythes inspirèrent les écrivains. C'est ainsi que **la guerre de Troie** réapparut comme fond de tableau d'une des pièces les plus réussies de Giraudoux, *La Guerre de Troie n'aura pas lieu* (1935), qui permettait de parler de l'actualité menaçante des régimes de Mussolini et de Hitler à travers une histoire intemporelle.

Le mythe d'Œdipe inspira tour à tour Gide (*Œdipe*, 1932) et Cocteau (*La Machine infernale*, 1934), de façon parodique chez les deux auteurs mais permettant dans les deux cas l'expression de leur univers personnel.

La figure d'Antigone et son émouvant conflit de valeurs avec son oncle Créon inspirèrent dès 1922 une *Antigone* réduite à son essence de Cocteau, puis sous l'Occupation une des plus belles pièces d'Anouilh, du même titre, sur fond de résistance au régime de Vichy.

Quant au **mythe des Atrides**, il devait reparaître fréquemment à l'époque moderne[1]. Mais les deux pièces essentielles en français sont l'*Electre* de Giraudoux (1937) et *Les Mouches* de Sartre (1943), la première inspirée surtout de l'*Electre* d'Euripide, la seconde de l'*Orestie* d'Eschyle et de l'*Electre* de Sophocle.

Citons encore trois pièces contemporaines : *Electre ou la chute des masques* de Marguerite Yourcenar (1944), pièce ou Clytemnestre entretient Oreste en secret, ce dernicr étant un fils adultérin d'Egisthe ; *Electre* de Jean-Pierre Giraudoux, le fils de Jean, (1965), qui met en scène un

---

[1]. Voir p. 35.

personnage nouveau, Anaxobie, sœur d'Agamemnon et mère de Pilade, qui, ayant quitté son mari Strophios, le roi de Phocide, vit à la cour d'Egisthe, et tire les fils de l'intrigue ; et *Tu étais si gentil quand tu étais petit !* de Jean Anouilh (1972), qui renouvelle le sujet par un jeu de décalages entre un petit groupe de musiciens qui commentent l'action et l'action elle-même, étroitement familiale comme toujours chez l'auteur.

Le mythe d'Amphitryon apporte dans cette sombre galerie un élément plus souriant. Présents d'abord chez les poètes, les amours de Jupiter et d'Alcmène à la barbe d'Amphitryon, à l'origine de la naissance d'Hercule, inspirèrent ensuite les tragiques grecs. Malheureusement, leurs œuvres sont perdues. Mais la version truculente et poétique de Plaute nous est bien parvenue, et a inspiré, après Molière et le dramaturge allemand Kleist, l'*Amphitryon 38* de Giraudoux, une pièce pleine de charme, de fantaisie et d'intelligence, moins grave qu'*Electre* et *La Guerre de Troie n'aura pas lieu*.

Le mythe d'Orphée a inspiré surtout les peintres, les musiciens et les poètes. On ne compte plus les toiles célèbres représentant le chanteur de Thrace de la Renaissance à nos jours :Tintoret, Rubens, Poussin, Delacroix, Gustave Moreau, chacun dans leur style, ont illustré un aspect de la légende. L'opéra, on l'a vu, (cf. page 41) a donné trois œuvres majeures. En poésie citons un conte de Jules Supervielle (1946), et un sonnet de Paul Valéry (dans *Album de vers anciens*, 1891). Mais c'est Cocteau qui a le plus remarquablement modernisé le mythe.

1. Jean Giraudoux : La Guerre de Troie n'aura pas lieu

La carrière de Giraudoux

Jean Giraudoux (1882-1944) mena, comme Paul Morand, comme Claudel, comme Saint-John Perse, une double carrière d'écrivain et de diplomate.

Né à Bellac dans le Limousin, dans un milieu de petite bourgeoisie provinciale, il fait de brillantes études au lycée de Chateauroux, avant de réussir le concours de l'Ecole normale supérieure et de s'orienter vers des études d'allemand, tout en poursuivant sa formation classique.

Après un séjour d'un an en Allemagne, et une autre année aux Etats-Unis, il se tourne vers le journalisme puis entre dans la diplomatie, avant d'être deux fois blessé à la guerre de 1914-18. Devenu secrétaire d'ambassade, il est Chef du Service de Presse du Quai d'Orsay ; parallèlement il produit une œuvre littéraire abondante, dans le domaine du roman (*Suzanne et le Pacifique, Siegfried et le Limousin, Juliette au pays des hommes, Bella, Eglantine, Les Aventures de Jérôme Bardini, Choix des élues*) aussi bien que dans celui du théâtre, grâce à sa collaboration avec Louis Jouvet. Celui-ci en effet crée toutes ses pièces jusqu'à *Ondine* (*Siegfried*, 1928, *Amphitryon 38*, 1929, *Judith*, 1931, *La Guerre de Troie n'aura pas lieu*, 1935, *Electre*, 1937, *Ondine*, 1939).

Devenu Inspecteur général des postes diplomatiques, Giraudoux est bien placé pour observer les tensions politiques du monde, qu'il analyse dans *Pleins pouvoirs*, recueil de conférences sur l'actualité paru en 1938.

Commissaire à l'Information de Daladier en 1939, il quitte ce poste en 1940, suit le Maréchal Pétain à Vichy, puis se retire, en refusant un poste d'ambassade à Athènes. Dans ses dernières années, très sombres, il produit de nouvelles pièces (*Sodome et Gomorrhe*, *La Folle de Chaillot*, *Pour Lucrèce*, ces deux dernières créées après sa mort), écrit pour le cinéma (*La Duchesse de Langeais*, d'après Balzac, *Les Anges du péché*, de Robert Bresson), et rédige des cahiers de réflexion, qui paraîtront sous le titre de *Sans pouvoir*. Il meurt en janvier 1944 d'un empoisonnement inexpliqué.

Les idées de Giraudoux sur le théâtre

Giraudoux avait **une haute conception du théâtre**. Il croyait en sa mission collective : « Le spectacle est la seule forme d'éducation morale ou artistique d'une nation, il est le seul cours du soir valable pour adultes et vieillards, le seul moyen par lequel le public le plus humble et le moins lettré peut être mis en contact personnel avec les plus hauts conflits, et se créer une religion laïque. » (*Littérature*, « *Discours sur le théâtre* ».)

Cette mission, abandonnée selon lui par le théâtre qui régnait à Paris au XIXe et au début du XXe siècles, ne peut s'exprimer que par « ce dont l'écrivain est le seul dépositaire : le style », qui lui permet de « révéler sa vérité à lui ». Elle entraîne le goût de l'écrivain pour la tragédie, « affirmation d'un lien horrible entre l'humanité et un destin plus grand que le destin humain ». Sur la scène, les personnages constituent « cette humanité spéciale chargée...de supporter les grands coups du sort ».

Il revendique pour ses pièces des mises en scène sobres, loin des recherches de décors et de lumières des metteurs en scène allemands, recommandant en somme la pratique de Jouvet, pour qui l'essentiel était la parole et le jeu des acteurs.

L'importance de la guerre et de la paix en 1935

Giraudoux n'a pas cessé de méditer sur le thème de la guerre et de la paix. Cette dernière est d'ailleurs pour lui « l'intervalle entre deux guerres » (*Amphitryon 38*, 1929), ce qui avait à l'époque une valeur prophétique. La première guerre mondiale l'a marqué durablement, comme toute sa génération, dans sa chair (il a été blessé deux fois) et dans son esprit. Partagé par sa culture et ses goûts sur deux pays ennemis, il est hanté par leur réconciliation. *Siegfried*, adaptation jouée grâce à Jouvet en 1928 de son roman *Siegfried et le Limousin* (1922), qui devait établir la gloire de son auteur au théâtre, raconte le cas étrange d'un soldat français porté disparu, qui a été dans la réalité ramassé sur le champ de bataille et est devenu amnésique. En l'espace de sept ans, il conquiert le premier rang dans l'Allemagne d'après-guerre et devient son guide moral ; mais, grâce à son ami Robineau, il retrouve son identité française, redevient l'écrivain Jacques Forestier. En lui, personnage symbolique, s'affrontent deux mondes antagonistes hier, faits pour s'entendre aujourd'hui.

Malheureusement, cet optimisme ne résistera pas à l'histoire. Malgré la création en 1919 de la Société des Nations, destinée à assurer la paix, le traité de Versailles impose à l'Allemagne des clauses territoriales, financières et économiques que celle-ci supportera difficilement. Les pays vaincus deviennent peu à peu menaçants : le fascisme de Mussolini s'installe en Italie en 1922, le national-socialisme de Hitler, aidé par la crise économique de la République de Weimar, finit par triompher en janvier 1933, quand Hitler obtient les pleins pouvoirs au Reichstag. En face de ces dictatures se sont imposés en Russie la révolution bolchevique et le régime communiste (1917). Les démocraties, Etats-Unis, France, Angleterre, sont affaiblies par la crise économique de 1929. Les relations internationales, après une série de traités dans les années 20 en faveur de la paix, deviennent dangereusement tendues : Hitler quitte la Société des Nations en 1933, et menace l'Europe danubienne : les nazis assassinent le chancelier autrichien Dolfuss en 1934, tandis que le prince Alexandre de Yougoslavie est assassiné à Marseille par des extrémistes croates. En 1935, année de *La Guerre de Troie n'aura pas lieu,* l'Italie envahit l'Ethiopie ; elle quittera elle aussi la S.D.N. en 1937, pour s'allier à l'Allemagne. L'Anschluss, l'« annexion » de l'Autriche, et l'invasion de la Tchécoslovaquie par l'Allemagne en 1938, seront des préludes à l'invasion de la Pologne en 1939 et à la guerre mondiale.

La Guerre de Troie n'aura pas lieu

Acte I. *Sur la terrasse d'un rempart du palais de Priam, à Troie.*
Andromaque, la femme d'Hector, et sa belle-sœur Cassandre, tiennent un pari sur la tenue d'une prochaine guerre : les Troyens attendent en effet un envoyé des Grecs, venu réclamer Hélène (femme de Ménélas, le roi de Sparte), enlevée par Pâris (un des fils de Priam). Andromaque, optimiste, dont l'époux vient de revenir victorieux de la « dernière guerre », ne croit pas à la prochaine ; Cassandre, douée du don de prophétie, « tient compte de deux bêtises, celle des hommes et celle des éléments », et considère le destin comme « la forme accélérée du temps. » (1)
Hector arrive et étreint Andromaque ; Cassandre lui annonce que celle-ci attend un enfant. (2) Hector, héros valeureux, n'aime plus la guerre ; il veut persuader Pâris de rendre Hélène. Andromaque, lucide, croit que « la guerre est dans Troie ». (3) Hector essaye de persuader Pâris de rendre Hélène aux Grecs, mais celui-ci s'en remet au jugement de leur père ; or Priam, comme

tous les Troyens, est « fou d'Hélène ». Justement, les vieillards de la ville sont en train de contempler d'une terrasse Hélène rajustant sa sandale, tout en l'acclamant ! (4, 5)
À travers une longue discussion réunissant la famille royale, le poète Démokos et le géomètre, deux camps se forment : Hector, Andromaque et la reine Hécube sont pour la paix, donc pour qu'on rende Hélène ; les autres personnages veulent la garder parce qu'elle appartient « à la ville, au pays, au paysage ». Hector finit pourtant par convaincre Pâris de rendre Hélène aux Grecs, et Priam se prépare à fermer les portes de la guerre. (6)
Pâris tente de persuader Hélène, soumise et distraite, de suivre les conseils d'Hector. (7) Hélène et Hector se livrent à un dialogue de sourds : Hélène avoue son goût pour les hommes, ne se prononce pas sur les sentiments qu'elle et Pâris se portent. (8) Hector croit l'avoir persuadée de renoncer à Pâris, mais Hélène réplique : « ce n'est pas en manœuvrant des enfants qu'on détermine le destin. » D'ailleurs elle ne se « voit » pas partir, « ne voit pas la paix », mais semble « voir » des scènes de carnage. Un messager vient alors déclarer que les dieux semblent s'opposer à la fermeture des portes de la guerre.
Pourtant Hélène accepte, devant Ulysse, l'envoyé des Grecs, de ne pas contredire Hector, mais celui-ci sent qu'il a déjà perdu la partie. Les navires grecs sont en vue, menaçants. (9) Cassandre, à la demande d'Hélène, invoque la Paix, qui apparaît, outrageusement fardée. Pourtant, Hélène ne la voit pas. (10)
Acte II. *Les portes de la guerre, grandes ouvertes. Echappée sur la mer.*
Hélène joue de sa séduction sur Troïlus, le dernier fils de Priam, âgé de quinze ans. (1) Pâris offre à son jeune frère d'embrasser Hélène devant les sénateurs venus pour fermer les portes de la guerre. Mais il n'ose pas, et Hélène donne à Pâris le baiser destiné à Troïlus. (2)
Le poète Démokos fait poser Hélène pour une « photographie » imaginaire...afin de composer un chant sur son visage. (3) Puis il révèle, devant les partisans de la paix, son intention de composer un chant de guerre en la comparant au visage d'Hélène et d'organiser un « concours d'épithètes », à la manière des guerriers d'Homère. Hécube, en se moquant de Démokos, se révèle la plus douée...(4)
Le moment de fermer ou d'ouvrir les portes de la guerre est arrivé. Priam a peur en les fermant de détendre le courage des guerriers. Hector et Hécube sont pour la paix. Arrive Busiris, « le plus grand expert vivant du droit des peuples », qui explique doctement les raisons de considérer les Grecs comme des offenseurs. Sur les menaces d'Hector de le retenir en prison, Busiris change d'avis et transforme ses arguments : les Grecs sont venus saluer les Troyens ! Hector donne alors l'ordre de faire venir Ulysse, l'envoyé grec, et prononce un discours aux morts contraire aux usages : les morts ne sont pas tous égaux en courage, la mort n'est ni un châtiment ni une récompense, la vie est l'essentiel. Les portes de la guerre se referment, Priam et ses fils vont accueillir Ulysse. (5)
La petite Polyxène, dernière fille de Priam, demande à Hélène de partir, mais Hélène l'embarrasse : demande-t-on de partir à quelqu'un qu'on aime ?
Hécube et Andromaque viennent chercher la petite fille en pleurs. Hélène se dit prête à partir. (6, 7)
Hélène et Andromaque s'expliquent. Andromaque demande à Hélène d'aimer au moins Pâris pour donner un sens à la guerre. Mais Hélène oppose à la passion inquiète d'Andromaque et d'Hector son « aimantation » pour Pâris, et refuse la pitié pour elle et pour les autres. (8)
Oiax, un grec ivre, vient insulter et gifler Hector pour provoquer la guerre. Mais Hector encaisse sans broncher, montrant ainsi son courage et sa détermination.
Oiax gifle alors Démokos, qui appelle aux armes ; Hector gifle à son tour Démokos. (9, 10)
Priam et les notables viennent se ranger sur le passage d'Ulysse. Oiax change de camp, félicite Hector de sa gifle. La paix semble sauvée...(11)

Ulysse est venu en délégation réclamer Hélène au nom de Ménélas : Hector la lui donne, Hélène est d'accord. Mais elle doit être rendue dans l'état où l'a laissée Ménélas...Hélène et Pâris prétendent alors qu'ils ne se sont même pas touchés sur le navire qui les a amenés. La foule gronde.
Mais les matelots protestent et racontent ce qu'ils ont vu : la liaison de Pâris et d'Hélène. Iris, la messagère des dieux, vient exposer les points de vue divins : Aphrodite et Pallas se contredisent, Zeus s'en rapporte aux négociateurs. (12)
Entrevue décisive entre Ulysse et Hector. Les deux ennemis ne veulent pas la guerre, sont déjà réconciliés. Mais le destin a choisi : tout désigne les deux peuples pour être des adversaires ; Hélène n'est qu'un prétexte. En attendant, Ulysse accepte, pour ruser avec le destin, qu'on lui rende Hélène. (13)
Oiax, de plus en plus ivre, tente d'embrasser Andromaque. Il sort avant qu'Hector ne l'atteigne de son javelot, mais c'est Démokos, hurlant à la trahison, qu'il atteint. Avant de mourir, Démokos accuse Oiax de l'avoir frappé : le prétexte de guerre est trouvé ; les portes de la guerre s'ouvrent, découvrant Hélène embrassant Troïlus. « Le poète troyen est mort...La parole est au poète grec » (à Homère, qui pourra écrire l'*Iliade*).

En marge de la légende

Dès le titre, Giraudoux joue avec la culture classique. Chacun sait bien que la guerre de Troie a eu lieu. Or en mettant la phrase qui forme le titre de sa pièce au futur et sous une forme négative, il provoque le sens commun, et suggère, pour les spectateurs de 1935, l'inéluctabilité de la guerre à venir. C'est d'ailleurs ce que suggère Andromaque dès le début : « C'était la dernière. La suivante l'attend. » (I, 1)

Giraudoux en choisissant comme moment de sa pièce les ultimes négociations avant la guerre de Troie est parfaitement original : l'*Iliade* se passe dans les derniers mois de la guerre, l'*Odyssée* bien après. Il a donc une liberté totale dans la conduite de l'intrigue, qui contraste avec ses autres pièces inspirées de l'Antiquité, redevables à la Bible (*Judith*), à Plaute (*Amphitryon 38*) et à Euripide (*Electre*).

Les personnages

Par contre il avait à sa disposition tout un ensemble de personnages bien typés dans l'épopée, comme nous l'avons vu (cf. page 10). Il les a renouvelés avec beaucoup de bonheur, s'inspirant des épisodes qui les mettent en scène chez Homère, tout en en faisant **des figures emblématiques**. Il en a inventé d'autres, essentiellement les figures ridicules : le poète Démokos, dont le nom fait penser à celui de l'aède Démodocos dans l'*Odyssée*, mais aussi sonne un peu comme « démagogue » ; le juriste Busiris, le marin ivre Oiax, et le géomètre, figure typiquement giralducienne, qui fait penser au contrôleur d'*Intermezzo*.

Quatre personnages de femmes sont repris à l'*Iliade* :

Hélène : enjeu du conflit, elle demeure **le symbole de la beauté** qu'elle était dans l'épopée, poursuivie par les vieillards de Troie ; après Ronsard

(« Il ne faut s'ébahir, disaient ces bons vieillards / Dessus le mur troyen, voyant passer Hélène... »), Giraudoux met ces derniers en scène de façon comique ; mais il omet leurs réflexions : même divine, Hélène est un fléau, et il vaudrait mieux qu'elle parte. Hélène elle-même se traitait de « chienne » et regrettait devant Priam de n'être pas morte au moment de son enlèvement. Rien de tel ici : si elle hante les songes et les propos de tous les personnages, elle apparaît dès qu'elle parle comme d'une autre nature, à la fois sensuelle et inhumaine ; elle ne « voyait » pas son mari Ménélas, elle n'éprouve de pitié ni pour elle ni pour les autres, accepte de vieillir édentée. Elle trouve Pâris à son goût, mais même dans ses bras, elle est loin de lui, et est prête aussi bien à séduire le jeune Troïlus.

Comme Cassandre, elle est douée du pouvoir de seconde vue : elle a des visions colorées, mais ne voit pas la paix. Elle est, comme le dit Ulysse, « une des rares créatures que le destin met en circulation sur la terre pour son usage personnel. » (II, 13)

Andromaque : dans l'*Iliade* elle apparaît deux fois : la première avant la mort d'Hector, qu'elle pressent ; pathétique*, elle se lamente sur son sort personnel : elle a perdu tous les siens dans la guerre, elle supplie Hector de revenir vivant du combat ; la deuxième, après la mort du héros, elle imagine la triste condition d'orphelin de son fils Astyanax, et fait des adieux déchirants à son époux (XXII). Giraudoux a beaucoup développé ce personnage dans le même sens, en l'opposant trait pour trait à Hélène. Une explication entre les deux femmes (II, 8) permet de préciser ces traits : **Andromaque est une passionnée**, qui aime Hector d'un amour inquiet et torturé, et supporte mal la légèreté d'Hélène. Hantée par un destin qu'elle pressent de façon aiguë, elle ne lui demande même pas de partir, mais seulement d'aimer Pâris, pour que la guerre ait un sens. Autrement dit elle projette sa personnalité sur celle d'Hélène, sans résultat. Au début elle a confiance en Hector pour défendre la paix, son amour et sa maternité. À la fin, elle est fière d'Hector résistant aux injures d'Oiax. En outre, elle emporte l'admiration d'Ulysse.

Cassandre : quasi absente de l'*Iliade*, elle apparaît surtout dans l'*Agamemnon* d'Eschyle (cf. page 15), où le roi des rois la ramène à Argos en captive : inspirée par Apollon, Cassandre prédit la mort du roi et la sienne propre, annonce l'acharnement des Erynnies contre les Atrides et la vengeance d'Oreste. Dans la pièce de Giraudoux elle prédit également l'avenir dès le début, parle du destin comme de « la forme accélérée du temps ». **Elle souligne par contraste l'optimisme d'Andromaque**. Mais dans les scènes où elle apparaît, elle participe à la conversation générale plus qu'elle ne prophétise, avec ironie.

Hécube : dans la poésie antique, elle est l'image du malheur. À la fin de l'*Iliade* (XXII) elle gémit pathétiquement* sur le cadavre de son fils Hector. Elle apparaît dans deux tragédies d'Euripide, *Hécube* et *Les Troyennes*, comme captive des Grecs, « aussi misérable qu'(elle) fu(t) heureuse jadis. » (*Hécube*, v. 56).Dans *Les Troyennes* elle mène au départ de Troie le chœur des captives ; dans *Hécube*, sur le chemin du retour pour les Grecs et d'exil pour elle, elle voit ses deux plus jeunes enfants mourir, Polydore, tué par un hôte cruel et cupide, et la petite Polyxène, celle-là même de la pièce de Giraudoux, sacrifiée sur le tombeau d'Achille.

Dans *La Guerre de Troie n'aura pas lieu* elle apparaît évidemment sous un aspect moins sombre : pleine de bon sens et de bonhomie, ne s'en laissant pas conter, elle est sans illusion sur les hommes : « des hypocrites, des vantards, des boucs (I, 6), et leur vocabulaire : « l'homme en temps de guerre s'appelle le héros », et s'il fuit, « c'est du moins un héros qui détale. » (I, 6) Pacifiste dans l'âme (« Une minute de paix, c'est bon à prendre », II, 5), elle se moque du vieillard Démokos prêt à sacrifier la jeunesse au nom de la patrie : « Dès que la guerre est déclarée, impossible de tenir les poètes. » (II, 4) Au concours des épithètes, elle est gagnante par sa verdeur d'expression (II,4). Bref elle apparaît moins comme une reine majestueuse que comme **une forte personnalité au langage pittoresque**.

Symétriquement, les personnages masculins s'opposent ou se complètent :

Pâris : son portrait chez Homère est contrasté (page 11), tantôt guerrier courageux provoquant au combat les chefs grecs (III), tantôt mari d'Hélène retenu par elle loin du combat (VI), il est de toute façon réprimandé par son frère Hector. Au chant III parce qu'il recule devant Ménélas, son rival :

> Maudit Pâris ! si beau à voir, fou des femmes, lanceur d'œillades, ah ! que n'es-tu impuissant ! Que n'es-tu mort sans te marier !...Cela te vaudrait bien mieux que d'être ainsi un objet de honte, regardé de haut par les autres

au chant VI parce qu'il abandonne la bataille :

> (Hector) trouva Alexandre (Pâris) dans sa chambre, occupé de ses armes magnifiques, de son bouclier, de sa cuirasse, et tâtant un arc recourbé. Hélène d'Argos, au milieu de ses femmes, était assise...Hector lui adressa ces reproches outrageants : « Démon...c'est toi qui es cause que les cris et la guerre flambent autour de notre cité... »

Et Pâris se justifie doucement avant de revenir au combat.

On retrouve des traits analogues dans le personnage de Giraudoux ; Pâris y apparaît comme un Don Juan, appréciant en Hélène une femme moins lourdement sensuelle que les « femmes asiatiques », goûtant les ruptures

(« Un seul être vous manque et tout est repeuplé »), ne se prenant pas au sérieux en face d'Hector (« ce que tu es frère aîné ! »), mais conscient aussi que la situation le dépasse : « Mon cas est international » (I,6).

Aussi accepte-t-il assez facilement le départ d'Hélène ; d'ailleurs il est avant tout pacifiste, se prête volontiers au concours d'épithètes en injuriant Démokos (II,4), et accepte à la fin de passer pour un impuissant afin de sauver la paix. Tout cela avec beaucoup d'élégance et d'humour : « – Hector : Vas-tu nous rendre la risée du monde ? – Pâris : Hector, vois comme ma situation est désagréable ! » (II, 12)

Hector : Dans l'*Iliade*, c'est, avec son frère Enée, **le héros troyen par excellence**, « le meilleur, en toute entreprise, pour combattre et pour délibérer. » (VI) On le voit, à peine sorti des combats, priant sa mère Hécube de se rendre au temple d'Athéna, gourmandant son frère Pâris, faisant des adieux pathétiques* à Andromaque. Son destin, pressenti par son épouse, sera terrible : blessé au combat puis guéri par Apollon, il tuera Patrocle, le compagnon d'Achille, qui reprendra les armes pour se venger. Achille poursuivra Hector trois fois autour des remparts de Troie, le tuera, et traînera son cadavre autour du tombeau de Patrocle. Finalement Priam obtiendra de récupérer sa dépouille et lui fera de grandioses funérailles.

Giraudoux donne au personnage **une dimension d'ancien combattant las de la guerre** ignorée d'Homère. Dans son dialogue avec Andromaque (I,3) il explique longuement qu'il a aimé la guerre : on s'y sent un dieu, on aime l'ennemi qu'on tue, on y déploie « la bonté, la générosité, le mépris des bassesses ». Mais le ressort s'est cassé : « la guerre a sonné faux », l'âge, la fatigue, la lucidité ont fait leur œuvre, toute l'armée d'ailleurs hait la guerre. « Père, dit-il à Priam, mes camarades et moi rentrons harassés. Nous avons pacifié notre continent pour toujours. Nous entendons désormais vivre heureux, nous entendons que nos femmes puissent nous aimer sans angoisse et avoir leurs enfants. » (I,6) Aussi est-il prêt à rendre Hélène aux Grecs, à refuser de faire la guerre pour elle, à rejoindre Andromaque en secret, si elle a lieu.

Cette lassitude se retrouve dans ses paroles aux mourants et son discours aux morts, qu'il refuse de traiter en héros, considérant la guerre comme la « recette la plus sordide et la plus hypocrite pour égaliser les humains » (II,5).

Ulysse : On retrouve cette philosophie dans la belle entrevue d'Hector et d'Ulysse à la fin (II,13), qui ressemble aux conversations diplomatiques des années 30 au bord du Lac Majeur ou en d'autres lieux idylliques.

Deux plénipotentiaires, recrus de gloire et d'expérience, essayent de conjurer une guerre qu'ils savent imminente. Chacun « pèse » ce qu'il apporte, vertus, civilisation, progrès économique, réputation : or Troie apparaît comme une proie tentante. Pourtant Ulysse feint de renoncer à Hélène, pour ruser avec le destin. L'Ulysse de Giraudoux est un beau parleur comme son modèle homérique, mais sa hauteur de vue et son désabusement sont bien du dramaturge.

Du mythe antique à l'actualité

Giraudoux jongle avec une antiquité de fantaisie pour mieux asseoir son propos. Le **merveilleux** qui s'exprime dans l'épopée à grand renfort d'interventions divines intervient peu dans sa pièce ; ce sont surtout Cassandre et Hélène qui rivalisent en ce domaine. Cassandre ne voit rien, mais pressent tout ; dans la légende, elle était douée de prophétie par Apollon, mais ayant refusé les faveurs du dieu, ses prédictions n'étaient jamais crues. Ici c'est Hélène qui semble douée de ce don : – Hector : Vous la voyez, la bataille ? – Hélène : Oui. – Hector : Et la ville s'effondre ou brûle, n'est-ce pas ? – Hélène : Oui. C'est rouge vif. » (I,9) Et Hélène n'ose avouer qu'elle voit le cadavre d'Hector traîné dans la poussière.

Les **dieux** n'apparaissent pas dans la pièce, alors qu'ils interviennent constamment dans la vie des hommes chez Homère. Hector, simplement, interroge Hélène sur les dieux grecs, dont, selon Pâris, le ciel grouille (I,8) Hélène élude, prétendant ne pas les voir. Deux figures secondaires du panthéon grec apparaissent cependant en passant, la Paix à la fin de l'acte I, pâle, puis trop fardée, et Iris, la messagère des dieux, qui dans d'amusantes tirades renvoie dos à dos les opinions des grands dieux, Aphrodite, Pallas, et Zeus (II,13). Ainsi est sauvegardée **l'ambiguïté des messages divins**, dans un climat d'aimable scepticisme.

D'ailleurs l'évocation de l'antiquité est, comme toujours chez Giraudoux, bourrée d'**anachronismes** : il y a des arcs de triomphe à Troie comme plus tard à Rome, les objets militaires et marins évoquent l'époque moderne ou un moyen âge de fantaisie ; Démokos semble même prendre des photographies en demandant à Hélène de poser et en parlant d'un « magnifique oiseau qu'(il) va lâcher » (II,3)

Enfin le jeu sur la légende elle-même est au cœur de la pièce avec le personnage de Démokos. Certes, il évoque pour un moderne les chantres de la guerre de 1914 comme Paul Déroulède, ridicule et emphatique. Mais il est la caricature d'un genre bien représenté dans l'antiquité, la poésie guerrière. Et la dernière réplique de la pièce, « Le poète troyen est mort…La parole est au poète grec » (II,14) referme l'œuvre sur elle-même, et paraît signifier : les choses sérieuses vont commencer, c'est le temps du poète digne de les chanter. Giraudoux semble s'effacer après ces variations souriantes en marge de l'épopée.

2. Jean Cocteau : *La Machine infernale*
Vie de Jean Cocteau (1889-1963)
Tous ceux qui ont parlé de Cocteau l'ont évoqué comme un magicien. « Il fut pendant trois quarts de siècle l'âme du Moment, même quand il cherchait à échapper au Temps, qui collait à lui. » (Paul Morand) Enfant de la haute bourgeoisie, il perdit son père à dix ans. Tout en poursuivant ses études, il rencontra chez son grand-père les célébrités de l'époque. Ses premiers succès poétiques eurent lieu en 1908 avec une audition publique de ses poèmes. Désormais l'enfant prodige fréquente les salons, publie des recueils poétiques. Réformé en 1914 il est ambulancier et tire de ses expériences de la guerre un admirable roman, *Thomas l'imposteur* (1923). Ses amitiés avec Diaghilev, le créateur des Ballets russes, Stravinsky, Satie, Picasso, Apollinaire, Modigliani et bien d'autres sont l'occasion de fructueuses collaborations comme le ballet **Parade**.

Dans le années vingt le poète connaît une période féconde dans tous les genres : romans comme *Le Grand écart* (1924) et *Les Enfants terribles* (1929), recueils de poésie comme *Plain-Chant* (1923), pièces de théâtre d'avant-garde comme *Les Mariés de la Tour Eiffel* (1921), ou au contraire renouant avec les mythes antiques comme *Antigone* (1922), *Orphée* (1926) et *Œdipe Roi* (1928). La décennie suivante voit Cocteau s'ouvrir au cinéma avec *Le Sang d'un poète* (1930), que suivront plus tard *L'Eternel retour* (1943), *La Belle et la bête* (1945), *Orphée* (1950) et *Le Testament d'Orphée* (1960). Sa production au théâtre sera multiple, autour de deux axes majeurs : la réinterprétation des mythes, aussi bien antiques (*La Machine infernale*,1934), que médiévaux (*Les Chevaliers de la table ronde*, 1937), ou modernes (*L'Aigle à deux têtes*, 1946, inspiré de la mort de Louis II de Bavière) ; et les conflits psychologiques (*Les Parents terribles*, 1938).

À côté de cette production, Cocteau est aussi l'auteur de deux œuvres biographiques, *La Difficulté d'être* (1947) et le *Journal d'un inconnu* (1952). Mais ce créateur était également peintre et céramiste, et décora diverses chapelles et monuments. L'entrée à l'Académie française en 1955 surprit le public mais couronna justement des dons éclatants.

Cocteau, le théâtre et les mythes
Le premier contact de Cocteau avec le théâtre antique fut **son adaptation d'***Antigone* en 1922. Il y suivait de près le texte de Sophocle. Le sujet, « la désobéissance aux valeurs établies »,ne pouvait que séduire le non-conformiste qu'était le poète. Le musicien Honegger écrivit une musique de scène, qu'il transforma ensuite en « tragédie musicale ». La pièce fut créée par Dullin, dans des décors de Picasso et des costumes de Chanel ; Cocteau

lui-même faisait le chœur dans un trou grillagé du décor. Le succès fut énorme et houleux.

Douze ans plus tard, Cocteau revint à Sophocle et à la famille des Labdacides avec *La Machine infernale*, pièce en quatre actes, créée en avril 1934, cette fois par Louis Jouvet, dans des décors de Christian Bérard. Entre-temps, il avait fait jouer en 1925 une adaptation fortement élaguée d'*Œdipe roi*, puis, après une transposition du mythe d'Orphée (voir plus bas page 88) en 1926, un curieux opéra-oratorio sur une musique de Stravinsky, *Oedipus rex*, créé en 1927. Il en avait écrit le texte, qui était, comme pour *Antigone*, une version accélérée du mythe, qu'il avait fait traduire en latin par le père Daniélou. La musique, hiératique* et rythmique, importait plus que le texte, si bien que Cocteau avait prévu un récitant pour expliquer l'intrigue au spectateur.

Musicien et librettiste étaient tous deux intéressés par le **problème du destin**. Aussi n'est-il pas étonnant que Cocteau soit revenu une troisième fois sur le personnage de Sophocle. Il explique le titre ainsi : « Il ne s'agit pas dans ma pièce de ces machines infernales que les anarchistes construisent pour tuer les rois. Il s'agit d'une machine plus mystérieuse que les dieux grecs destinaient au même usage. »

L'originalité de Cocteau consiste à remonter loin en arrière dans la légende du roi de Thèbes, puisque seul le quatrième acte correspond à *Œdipe roi*. Il note en effet dans *Opium*, journal d'une cure de désintoxication accompagnée de dessins : « Je rêve qu'il me soit donné d'écrire un *Œdipe et le Sphinx*, une sorte de prologue tragi-comique à *Œdipe roi*, précédé lui-même d'une grosse farce avec des soldats, un spectre... »

Il compose d'abord la rencontre avec le Sphinx, remonte ensuite, à la manière du début de l'*Hamlet* de Shakespeare, à l'apparition du vieux roi Laïus sur les remparts de Thèbes, scène qu'il mettra au début, aborde ensuite la scène de l'inceste dans la chambre de Jocaste, et enfin reprend le dénouement d'*Œdipe roi* dans le dernier acte.

La pièce débute par un prologue qui résume l'action, un peu comme ceux d'Euripide, dit simplement par « la Voix », celle de Cocteau bien sûr à la création.

La Machine infernale

Acte I. Le fantôme.
Un chemin de ronde sur les remparts de Thèbes. Hautes murailles. Nuit d'orage. Éclairs de chaleur. On entend le tam-tam et les musiques du quartier populaire.
Deux soldats de garde discutent du Sphinx et du fantôme de Laïus dans une atmosphère de peur. Surgit un officier, à qui ils apprennent qu'un spectre, qui a un trou rouge près de la tempe, supplie d'avertir la reine Jocaste et le prêtre Tirésias, mais on ne sait de quel secret.

Justement Jocaste arrive péniblement sur les remparts, avec Tirésias qu'elle appelle Zizi, trébuchant sur l'écharpe avec laquelle elle se pendra plus tard. Elle veut entendre le récit du jeune soldat sur le spectre, et raconte un rêve : elle berce un nourrisson qui se transforme en pâte gluante. Pendant qu'elle interroge le jeune soldat, qui ressemble à Œdipe, le fantôme apparaît, mais personne ne le voit ni ne l'entend.
Après le départ de Jocaste et de Tirésias, le spectre réussit à lancer son message : « Rapportez à la reine qu'un jeune homme s'approche de Thèbes et qu'il ne faut sous aucun prétexte... » Il ne peut malencontreusement achever.
Acte II. La rencontre d'Œdipe et du Sphinx.
La voix du prologue explique que cette rencontre a eu lieu en même temps que la scène précédente.
Un lieu désert dominant la route de Thèbes. Une haute pierre, un temple et un mur en ruine, avec les vestiges d'une chimère.
« Au lever du rideau, une jeune fille en blanc est assise sur les décombres. La tête d'un chacal repose sur ses genoux. Trompettes lointaines. »
Le sphinx, une jeune fille vêtue de blanc, s'entretient avec Anubis, le dieu égyptien des morts à tête de chacal, qui lui sert de tuteur. Elle attend encore un voyageur pour lui poser ses énigmes, mais se dit lasse de tuer. Survient une matrone, flanquée de deux jeunes enfants, qui prend le Sphinx pour une jeune fille égarée, et dit sa crainte de le rencontrer. Seul son jeune fils a l'intuition que la jeune fille est le Sphinx.
La jeune fille confie qu'elle aimerait aimer un dernier homme qui résoudrait ses énigmes, avant de tomber morte.
Œdipe survient. Une conversation sur la personne du Sphinx s'engage. Œdipe avoue son désir de gloire et son ambition : tuer le Sphinx, et épouser la reine de Thèbes, Jocaste. Il évoque son enfance chez le roi de Corinthe Polybe et sa femme Mérope, sa bâtardise révélée par un ivrogne, et l'oracle qui prétend qu'il tuera son père et épousera sa mère, d'où son départ de Corinthe. Il raconte ensuite l'assassinat malencontreux d'un vieillard sur la route de Delphes. Finalement, la jeune fille, émue, se métamorphose en Sphinx, parle par métaphores du destin et lui pose la fameuse énigme, tout en donnant la réponse, « l'homme ». À peine Œdipe a-t-il repris la réponse qu'il s'éloigne.
Sur l'ordre d'Anubis, la jeune fille se métamorphose en Némésis, la déesse de la vengeance, avant de reprendre sa forme humaine, puis de revêtir la tête de chacal et de tomber. Œdipe reparaît pour emporter sa dépouille et se rendre à Thèbes.
Acte III. La nuit de noces.
La Voix résume les fêtes du couronnement et des noces d'Œdipe avec Jocaste. Tous deux se retrouvent, épuisés, dans la chambre nuptiale. Une fenêtre grillée donne sur une place.
Œdipe et Jocaste tombent de sommeil, et laissent échapper sans s'en rendre compte des paroles étranges : l'un parle de chien, l'autre de mur de ronde. Pendant que Jocaste s'apprête, Tirésias survient pour une visite protocolaire. Il annonce de funestes présages. Œdipe croit qu'il complote avec Créon pour saper son autorité, et veut l'étrangler, avant de se sentir aveugle subitement, mais Tirésias lui rend la vue.
Œdipe lui explique qu'il est fils du roi de Corinthe. Tirésias lui remet alors la ceinture qu'Œdipe avait donné au Sphinx, avant de se retirer.
Jocaste et Œdipe se retrouvent seuls. La reine, nerveuse, s'excuse de son âge. Elle aperçoit par la fenêtre le jeune garde du premier acte endormi, qui ressemblait à Œdipe. Ce dernier commence à raconter sa rencontre avec le Sphinx, mais la reine s'endort, et Œdipe aussi, tout en rêvant à voix haute. Ils se réveillent en sursaut.
Tout à coup Jocaste découvre avec horreur les cicatrices aux pieds d'Œdipe, et invente une

histoire pour expliquer son trouble : une de ses lingères jadis a exposé un fils. Pendant qu'Œdipe s'endort, la reine entend un ivrogne qui chante une chanson satirique sur son mariage.
Acte IV. Œdipe roi (17 ans après).
La voix signale la peste de Thèbes, « premier échec à cette fameuse chance d'Œdipe ».
Le décor représente « une sorte de cour » entourée de bâtiments, avec au fond une logette au-dessus d'une porte.
Un jeune messager de Corinthe vient annoncer la mort de Polybe. Œdipe ne peut dissimuler sa joie. Mais le messager révèle aussi qu'Œdipe fut recueilli à sa naissance après avoir été exposé.
Œdipe réfléchit alors que, certes, il n'a pas tué Polybe, mais un homme, jadis, « au carrefour de Daulie et de Delphes ». Jocaste « disparaît, comme on se noie. »
Créon rappelle que les dieux réclament une victime pour la peste de Thèbes. Œdipe, se rappelant le récit de Jocaste sur le fils de la lingère exposé, veut aller interroger Jocaste sur ses « pieds troués ».
Il revient, décomposé : Jocaste s'est pendue avec son écharpe. Tirésias lui révèle alors qu'il a tué autrefois Laius, l'époux de Jocaste.
Un vieux berger, mandé par Créon, complète la vérité : Œdipe est le fils de Jocaste, le meurtrier de Laius. Œdipe s'enfuit.
Entre la petite Antigone appelant au secours : son père s'est crevé les yeux avec la broche de sa mère. Œdipe reparaît, aveugle, demandant qu'on le chasse. Tirésias lui donne son bâton d'augure.
Jocaste, morte, apparaît : ce n'est plus la femme d'Œdipe, mais sa mère, qui va veiller sur lui, et qui le persuade d'emmener Antigone, malgré l'opposition de Créon. Toutes deux aident Œdipe à descendre les marches, vers la gloire, ou la honte ?

Un renouvellement du mythe

La structure de la pièce élargit considérablement le cadre fixé par Sophocle, puisque seul le dernier acte lui correspond à peu près. Son extrême brièveté d'ailleurs empêche l'auteur de transmettre le climat de tension continue et progressive engendrée par l'enquête d'Œdipe auprès de tous les autres personnages ; **l'aspect policier de la pièce antique disparaît donc**.

On peut également remarquer la réduction générale des rôles de Créon, en tant qu'opposant politique supposé d'Œdipe, de Tirésias, dans sa violence d'homme inspiré, de Jocaste, cherchant à rassurer Œdipe sur les oracles, et le précipitant ainsi dans la révélation fatale. Mais Cocteau a développé ses personnages dans d'autres directions, en particulier dans le **domaine de l'invisible** : le spectre de Laius n'apparaît qu'aux gens simples que sont les soldats ; le Sphinx revêt des apparences surprenantes, tantôt jeune fille en robe blanche, tantôt monstre traditionnel ; Jocaste, enfin, reparaît après sa mort, maternelle et émouvante, pour veiller sur son fils en fantôme bienveillant, rejoignant ainsi Laius dans le fantastique et refermant la pièce sur elle-même.

La fidélité aux mythes antiques de Cocteau est celle d'un poète, qui prend une grande liberté avec eux, tout en étant fidèle à l'essentiel.

Le destin d'Œdipe, fixé de toute éternité, ne peut être modifié, mais il n'est plus fixé par l'oracle d'Apollon. C'est Anubis qui se charge d'éclairer le Sphinx et le spectateur sur lui : « De sa naissance à sa mort, la vie d'Œdipe s'étale, sous mes yeux, plate, avec sa suite d'épisodes... Il aura deux fils qui s'entr'égorgeront, deux filles dont une se pendra. Jocaste se pendra... » (Acte II)

Tirésias évoque souvent les présages ; les rêves jouent un rôle important dans la tragédie, ainsi que les objets. **Le climat de fatalité** est ainsi constamment rappelé tout au long de la pièce, créant une atmosphère inquiétante.

Les dieux grecs disparaissent, sauf Némésis, la déesse de la vengeance, identifiée au Sphinx. L'auteur les remplace par un dieu égyptien, Anubis, le dieu des morts qui veille sur le Sphinx. Mais derrière ces deux divinités, il y en a une infinité d'autres : « Le mystère a ses mystères. Les dieux possèdent leurs dieux. Nous avons les nôtres. Ils ont les leurs. C'est ce qui s'appelle l'infini. » (Acte II)

Ainsi Cocteau, dans sa conception du temps comme des dieux, nous plonge dans un abîme, sans rapport avec la mythologie traditionnelle.

D'ailleurs il enrichit le climat fantastique de la pièce en empruntant à Shakespeare la première scène d'*Hamlet*, dans un acte qui oscille entre le comique et le tragique.

Les personnages

Remontant le temps très en amont de la pièce de Sophocle, l'auteur avait toute liberté pour imaginer la rencontre d'Œdipe et du Sphinx, représentée sur les vases grecs comme dans la peinture européenne (Ingres, Gustave Moreau), mais ignorée des poètes. Le rapprochement avec la mythologie égyptienne, incongru au premier abord, est plausible si l'on songe qu'il y a aussi une ville de Thèbes et un Sphinx en Egypte. Mais le Sphinx ressemble aussi à un vampire, puisqu'il tue ses victimes en leur laissant une blessure au cou. L'aspect le plus original du personnage est évidemment son apparence féminine et sa lassitude de tuer, qui l'amène à donner lui-même la réponse à ses énigmes. Comme chez le jardinier de l'Electre de Giraudoux, il semble que pour lui le dernier mot de la vie soit « amour ».

Œdipe perd beaucoup de la grandeur sophocléenne, parce que c'est le jeune homme orgueilleux et inexpérimenté qui domine dans la pièce et non le roi recru de gloire et de malheurs. Son entrevue avec Tirésias le montre cassant et ambitieux, mais de manière un peu raide ; ses rapports avec Jocaste sont ceux d'un amant affectueux et prévenant. Il retrouve sa grandeur à la fin, mais sans les rugissements grandioses de la pièce antique après son aveuglement.

Jocaste est, avec le Sphinx, **le personnage le plus neuf de la pièce**. Sa psychologie est toute moderne : « faible, crédule, romanesque » selon Tirésias, étrangère dans la ville comme le révèle son accent, traitant Tirésias, qu'elle adore, comme une vieille ganache et doutant de ses dons de devin et de ceux des prêtres en général, elle a une personnalité attachante et originale. Sensible au charme du jeune soldat parce qu'il lui rappelle le fils qu'elle ne connaît pas, elle est profondément bonne, et sa réapparition en mère aimante à la fin est émouvante, et efface l'horreur de sa mort.

Si **Créon** a un rôle secondaire, **Tirésias voit son rôle enrichi** ; devenu le confident de la reine, il gagne en familiarité ce qu'il perd en grandeur. Moins terrible avec Œdipe que chez Sophocle, il ne cesse tout au long de la pièce de lui adresser des avertissements. Mais il s'efface devant le mystère à la fin, empêchant Créon de prendre des mesures contre lui, lui donnant son bâton augural, peut-être parce que le roi, devenu aveugle comme lui, est devenu digne de le posséder. C'est lui qui tire la morale de l'histoire, tel le chœur antique : Œdipe et Antigone appartiennent « au peuple, aux poètes, aux cœurs purs. »

3. Jean Anouilh : *Antigone*
Vie de Jean Anouilh (1910-1987)

« Je n'ai pas de biographie et j'en suis très content », déclara un jour Anouilh à un critique. C'est dire que le dramaturge s'efface derrière son œuvre, ou ne se manifeste qu'à travers elle. Né à Bordeaux en 1910, d'un père tailleur et d'une mère musicienne, il assiste dès son jeune âge au casino d'Arcachon, où sa mère exerce son métier, aux opérettes et aux pièces à la mode. Envoyé coucher à l'entracte il imagine tout seul la fin des spectacles, et côtoie le petit monde des acteurs et des machinistes. « Monté » à Paris avec ses parents, il fait ses études au Lycée Chaptal, écrit des vers et des comédies. En 1928 il a la révélation, comme toute une génération, du *Siegfried* de Giraudoux, monté par Jouvet (cf. page 47)

Après le baccalauréat, il commence des études de droit, puis travaille dans une agence de publicité où il rencontre Prévert, avant de devenir le secrétaire de Louis Jouvet. Après son service militaire, il épouse l'actrice Monelle Valentin en 1932, la future créatrice d'Antigone, et fait jouer son premier succès, *Hermine*. En 1935 il vend les droits d'une pièce, reniée par la suite, *Y avait un prisonnier*, à la Metro Goldwyn Mayer, ce qui lui assure désormais une vie matérielle confortable.

Les pièces qui suivent, d'une légèreté et d'une émotion sans égales, comme *La Sauvage*, *Le Voyageur sans bagage*, *Le Bal des voleurs*, montés par Georges Pitoeff (cf. page 43) en 1937-38 sont de grands succès.

Mobilisé en 1940, il manque être prisonnier, peut rentrer à Paris, monte avec André Barsacq *Le Rendez-vous de Senlis* (1941), *Eurydice* (1942), et *Antigone* (1944).

Mais la Libération, dans ses aspects contestables (changements d'opinions de dernière heure, règlements de comptes) va le marquer profondément ; l'exécution de Robert Brasillach, écrivain et rédacteur en chef de « Je suis partout » (journal antisémite et collaborationniste), pour lequel il organise avec d'autres intellectuels une pétition, sans même le connaître personnellement, le marque durablement, et inspirera sa pièce *Pauvre Bitos* (1956).

Désormais célèbre, Anouilh fait jouer régulièrement de nombreuses pièces avec un succès public ininterrompu, faisant alterner des « pièces brillantes » comme *L'Invitation au château* ou *La Répétition ou l'amour puni* (1950) et des « pièces grinçantes », comme *Ardèle ou la Marguerite* (1948) ou *Pauvre Bitos ou le dîner de têtes* (1956). Les critiques, eux, finissent par le bouder avec le succès de « l'engagement » dans les années 50 (Sartre, Camus), et celui du « théâtre de l'absurde » dans les décennies suivantes (Samuel Beckett, Ionesco). D'une activité inlassable comme adaptateur, traducteur ou scénariste, Anouilh termine sa vie en Suisse, où il meurt en 1987.

L'univers d'Anouilh

Les titres collectifs de ses premières œuvres, « *Pièces roses* » et « *Pièces noires* », soulignent la double veine de l'auteur. Dans une première période qui va de 1936 à 1946, dominent des personnages de jeunes filles, révoltées contre l'injustice qui les entoure et la médiocrité du bonheur des gens ordinaires, et éprises d'absolu et d'autodestruction, comme Hermine, la Sauvage, Eurydice. **Antigone est évidemment l'héroïne type d'Anouilh**, et forme avec Créon un couple antinomique exemplaire, pivot de l'œuvre.

En contraste, les vieillards, les gens importants, incarnent la veulerie et l'esprit de compromission, dans des conflits de famille ou de classe.

Tantôt l'auteur anime de merveilleuses comédies-ballets, comme *Le Bal des voleurs*, où ces personnage sont emportés dans un tourbillon de situations farfelues ou poétiques, tantôt c'est le tragique et le sordide qui dominent, comme dans *Hermine* ou *La Sauvage*.

Après la guerre, la palette d'Anouilh s'élargit, les jeunes filles romantiques disparaissent au profit de types caricaturaux que l'on retrouve d'une pièce à l'autre, ou de grandes figures historiques, comme Sarah Bernhardt et Edmond Rostand (*Ardèle ou la Marguerite*), Robespierre (*Pauvre Bitos*), Molière et ses infortunes conjugales (*La Petite Molière*),

Jeanne d'Arc (*L'Alouette*), ou Saint Thomas Becket (*Becket ou l'honneur de Dieu*).

En même temps, la structure des pièces gagne en virtuosité : en particulier ces deux dernières pièces, parmi les plus grands succès d'Anouilh, sont construites sur une série de retours en arrière. *La Répétition ou l'amour puni* et *Tu étais si gentil quand tu étais petit !* pratiquent « le théâtre dans le théâtre » : la première fait interférer dans un château la vie réelle avec la répétition de *La Double inconstance* de Marivaux, la deuxième mêle sur scène l'histoire d'Electre et les conflits internes au groupe de musiciens minables qui accompagnent la représentation.

Anouilh et les mythes antiques

D'une génération plus jeune que Cocteau et Giraudoux, Anouilh eut par eux la révélation de l'utilisation des mythes au théâtre. Son premier essai date de 1942 avec *Eurydice*, mais seuls les noms des personnages et une partie des situations dramatiques rappellent le mythe antique : on retrouve le petit monde des comédiens et des musiciens, le refus des réalités sordides et le refuge dans la mort, chers à l'auteur.

Médée (1953) modifie beaucoup moins la donnée antique, transposée cependant dans le monde des bohémiens. *Tu étais si gentil quand tu étais petit !* (1972) est une pièce tardive à demi réussie, parce que le mélange des genres y apparaît peu homogène, et les situations y manquent d'originalité par rapport à Giraudoux et à Sartre.

Seule *Antigone* est une réussite absolue, qu'il faut replacer dans le climat de l'Occupation. On y perçoit des intentions analogues à celles de Sartre dans *Les Mouches* (voir page 74), même si l'auteur s'est élevé contre ceux qui lui demandaient « ce qu'il avait voulu dire ». Créon peut être interprété comme une image du maréchal Pétain, Antigone ressemble aux jeunes « terroristes » dont les images ornaient les murs de Paris.

D'où la croyance de la majorité du public à **une apologie de la Résistance**. Plus tard, dans les années 70, Antigone sera l'incarnation des mouvements pacifistes, gauchistes ou féministes. Le théâtre d'Anouilh, moins démonstratif que celui de Sartre, moins intellectuel que celui de Giraudoux, est peut-être aussi plus plastique.

Antigone[1]

Un décor neutre. Trois portes semblables. Au lever du rideau, tous les personnages sont en scène. Ils bavardent, tricotent, jouent aux cartes. Le prologue se détache et s'avance.
Prologue. Le prologue présente les personnages : Antigone pensive, qui va mourir ; Hémon, son fiancé, qui doit mourir aussi ; Créon, bon vivant sous Œdipe, maintenant roi fatigué ; Eurydice, sa

---

1. Il n'y a pas d'indications de scènes. Le « Prologue » est un personnage qui présente le *prologue* de la pièce.

femme, qui tricote ; le messager qui rêve ; trois hommes rougeauds, les gardes. Puis il rappelle le combat fratricide des fils d'Œdipe : chacun devait régner alternativement ; Etéocle a refusé de céder son tour, et Polynice a assiégé Thèbes avec sept chefs alliés. Les deux frères sont morts ; la ville est sauvée.
Créon a ordonné d'enterrer Etéocle, et d'abandonner le cadavre de Polynice aux chiens et aux corbeaux.
La nourrice et Antigone. Antigone rentre au petit matin, accueillie fraîchement par sa nourrice qui croit qu'elle a un amoureux ; elle pleure, Antigone la rassure.
Antigone et Ismène. Ismène refuse de participer aux projets d'Antigone d'enterrer son frère, pour cinq raisons : le roi est le plus fort et tout le monde est son avis ; elle a peur de l'arrestation et des huées de la ville ; elle veut vivre avant tout ; elle est une fille : « c'est bon pour les hommes de croire aux idées et de mourir pour elles » ; enfin il y a Hémon.
La nourrice, Antigone, Ismène. La nourrice revient avec une collation, croit Antigone malade. La jeune fille lui fait jurer de s'occuper de sa chienne si elle ne peut plus lui parler.
Hémon, Antigone, Ismène. Antigone a l'air de douter de l'avenir et de l'amour d'Hémon. La veille elle voulait se donner à lui, mais elle ne pourra jamais l'épouser. À sa demande Hémon sort sans un mot.
Antigone, Ismène. Ismène demande à sa sœur de renoncer à enterrer son frère. « C'est trop tard », répond-elle dans un sourire.
Créon, le garde. Le garde Jonas vient faire son rapport. Après mille hésitations, il avoue que le cadavre a été recouvert ; on a retrouvé une pelle d'enfant à son côté. Créon croit à un complot, redouble la garde.
Le Chœur. Le chœur développe longuement le thème du déclenchement de la tragédie, qu'il oppose au drame : tout s'y enchaîne, mort, trahison, désespoir, silence ; le drame, lui, alterne méchanceté et innocence persécutée, horreurs et lueurs d'espoir. Dans la tragédie, il n'y a plus d'espoir, il ne reste plus qu'à « gueuler » ce qu'on avait à dire, entre rois.
Les trois gardes, Antigone. Les gardes, tout fiers d'avoir arrêté Antigone, font des projets de fête.
Les mêmes, Créon. Jonas raconte comment ils ont découvert la jeune fille. Créon les fait mettre au secret.
Créon, Antigone. Créon veut renvoyer Antigone chez elle, étouffer l'affaire, mais elle est prête à recommencer. Reconnaissant en elle l'orgueil d'Œdipe, il lui rappelle que le règne du feu roi est passé, que, lui, Créon, se soucie avant tout de l'ordre. Mais Antigone se dirige vers la porte. Créon lui fait alors remarquer l'absurdité de tous ces rites mortuaires, veut la sauver malgré elle de la mort. Il lui serre le bras avec violence, avant d'essayer de la persuader que son interdiction est non pas religieuse, mais politique : on ne gouverne pas innocemment. Antigone refuse de comprendre.
Créon, à bout d'arguments, dévoile la triste personnalité des deux frères, qui avaient tenté de faire assassiner leur père. Leurs corps mêmes étant indiscernables, il a choisi le cadavre à enterrer au hasard.
Antigone, assommée, veut remonter dans sa chambre, mais Créon ajoute un éloge du bonheur quotidien : Antigone alors imagine Hémon vieillissant sans amour pour elle, et préfère vivre son bonheur tout de suite ; elle refuse « le sale espoir », veut le crier publiquement. Créon lui ferme la bouche, quand entre Ismène.
Les mêmes, Ismène. Ismène veut mourir avec Antigone, mais celle-ci refuse durement : qui sait si d'autres ne se révolteront pas ? Créon, provoqué, la fait arrêter, Ismène la suit.
Créon, le chœur, puis Hémon. Créon justifie son acte : selon lui, « Antigone était faite pour être morte...Polynice n'était qu'un prétexte. »
Hémon le supplie de sauver Antigone, lui rappelle son amour filial, avant de prendre la fuite. Créon

s'accroche à sa décision, tandis que le chœur s'inquiète pour la vie du jeune homme.
Le garde, Antigone. Antigone tente d'engager la conversation, mais le garde lui parle d'avancement et de solde, avant d'avouer le genre de mort qui l'attend : « murée dans un trou, aux cavernes de Hadès. » Antigone, en échange d'une bague, lui dicte une lettre d'adieu à Hémon, mais les autres gardes viennent l'emmener, la lettre ne sera pas envoyée.
Le chœur, le messager, puis Créon et le page. Le chœur prédit la fin. Le messager vient raconter la mort d'Antigone : Créon, voulant la sauver in extremis, l'a trouvée pendue ; Hémon s'est tué à côté d'elle.
Créon revient, ayant pris soin des deux corps. Le messager achève sa mission : annoncer la mort d'Eurydice. Créon, resté seul avec son page, médite sur sa tâche de roi et s'en va. Le chœur évoque l'égalité de tous devant la mort et le « grand apaisement triste (qui) tombe sur Thèbes ».
Les gardes, revenus sur scène, jouent aux cartes.

La structure de la pièce épouse assez étroitement celle de l'Antigone de Sophocle, avec certaines modifications. La première scène avec la nourrice, pleine d'émotion et de fraîcheur, absente de la pièce antique, évoque plutôt une tirade des *Choéphores* d'Eschyle (cf. page 32) où la nourrice d'Electre et d'Oreste évoque leur petite enfance (v. 734-765), ou encore la nourrice de Juliette dans le *Roméo et Juliette* de Shakespeare.

Tout le début de la pièce, d'ailleurs, met en scène Antigone, avec sa nourrice, avec sa sœur, avec Hémon.

Le long monologue sophocléen de Créon devant le chœur, symbolisant le peuple, où le roi explique sa décision de faire enterrer seulement le cadavre d'Etéocle, est supprimé par Anouilh, sans doute parce que le chœur, réduit à un seul personnage aux interventions fort brèves, n'a plus qu'une utilité dramatique.

Le reste de la pièce suit d'assez près l'ordre des scènes, mais Anouilh supprime un très beau cantique alterné d'Antigone et du chœur (v. 807-880), une impressionnante intervention de Tirésias (v. 998-1032) décrivant l'échec de sa science augurale, et un court passage où Eurydice exprime sa pitié pour le sort de Thèbes (v. 1183-1191). La suppression des parties chorales, particulièrement belles, comme le célèbre chœur qui fait l'éloge de l'homme (v. 333-375), est peut-être regrettable, mais Anouilh n'a sans doute pas voulu refaire l'*Antigone* de Cocteau (cf. page 55), fidèle et habile réduction de la pièce de Sophocle.

Les intentions du dramaturge sont en fait bien différentes de celles de son lointain prédécesseur. Toute la deuxième partie de la pièce de Sophocle insiste, à travers Tirésias et le messager, sur le châtiment qui attend le roi pour son *hybris*, sa démesure, son aveuglement devant les messages des dieux, son mépris des lois divines, « lois non écrites, mais intangibles », comme dit Antigone. Par ailleurs il y a une sorte de scandale métaphysique à envoyer une jeune fille vivante dans le monde souterrain et à laisser un cadavre à la surface de la terre. **La dimension religieuse, morale et métaphysique est donc essentielle chez Sophocle**.

Anouilh privilégie d'autres pistes, qui rejoignent, comme on l'a vu, ses autres pièces.

Le rôle d'un destin inexorable d'abord, mis en valeur dans les deux interventions du chœur.

Dans la première, le chœur, réduit à un seul acteur, montre les autres personnages comme des rôles de théâtre : « ces personnages vont vous jouer l'histoire d'Antigone. » L'enchaînement dramatique devient une image du destin. La deuxième assimile la tragédie à une « mécanique bien huilée », dont on bande le ressort pour la faire partir ; Anouilh reprend ainsi l'image de la « machine infernale » utilisée par Cocteau dans sa version d'*Œdipe roi* (cf. page 56) ; mais, en opposant, dans le même monologue le drame romantique et la tragédie, il éclaire puissamment le mécanisme des deux genres ; l'absence d'espoir, « le sale espoir », dans la tragédie, la liberté possible dans le drame. Ainsi, sous un aspect purement esthétique et humain, Anouilh rejoint-il la philosophie qui sous-tend la tragédie antique.

En second lieu, **les motivations d'Antigone sont surtout d'ordre personnel et psychologique**. Elle s'en explique clairement avec Créon, qui lui fait avouer qu'elle ne croit pas plus que lui « à cet enterrement dans les règles », à ce « passeport dérisoire », à « cette pantomime », accomplie par des « employés fatigués ». Pour qui la jeune fille commet-elle son geste ? Pour elle-même, par malaise de vivre, par pulsion suicidaire.

Dans sa conduite, entre une **haine de soi** d'ordre physique : elle se trouve laide par rapport à sa sœur ; d'ordre familial : elle est consciente d'être la fille d'un couple monstrueux parce qu'incestueux ; d'ordre psychique enfin : vivre est une compromission avec un bonheur qui ne peut que se dégrader. La force des sentiments est illusoire : son admiration pour ses frères ne résiste pas aux révélations de Créon ; quant à Hémon, il ne peut que devenir « Monsieur Hémon », une caricature d'un Hémon « dur et jeune ».

Et Antigone avoue à Créon qu'elle lui parle « de trop loin maintenant, d'un royaume où (il) ne peu(t) plus entrer, avec (ses) rides, (sa) sagesse, (son) ventre. » Dans ces conditions, « comprendre » est impossible, **Antigone est là « pour dire non et pour mourir »**.

En face, **Créon joue un rôle ingrat**. Accroché à son pouvoir, obtus devant les avertissements divins chez Sophocle, il est plus humain chez Anouilh, essayant de sauver Antigone malgré elle. Il représente la maturité, l'expérience, une sorte de bonté, mais aussi la faiblesse d'un homme qui s'accroche à son autorité soit en menaçant sa nièce, soit en faisant appel à la force. **Il incarne la nécessité d'avoir « les mains sales » en politique**, ce qui le rapproche du spectateur, mais lui enlève une certaine grandeur.

Les autres modifications du mythe antique sont secondaires.

Ismène incarne, en face d'une Antigone au physique ingrat, une jeune fille blonde et élégante, qui doit dormir suffisamment la nuit, sinon, « elle serait moins belle demain ». L'évocation au début de sa coquetterie avec les garçons, de son goût de la danse, sont des facilités qui enrichissent le personnage ; mais Ismène retrouve sa dimension quand elle veut s'associer au geste de sa sœur.

Hémon, dans Sophocle, a un rôle développé et complexe. Dans la scène qui l'oppose à son père, il use d'une remarquable éloquence pour, tour à tour, dénoncer sa réputation de tyran dans la ville et son entêtement à punir Antigone, considérée comme une sainte, et ensuite faire appel à sa sensibilité et son bon sens. Dans le dialogue stichomythique* qui les oppose, il ne craint pas de traiter son père de « cerveau troublé », de l'accuser de « s'étourdir de paroles » ; (v. 755 et 757), avant d'annoncer à mots couverts son suicide.

Chez Anouilh le portrait est enrichi, comme pour Ismène. Hémon est lui aussi amateur de bals, de vie facile. Mais un beau soir, il tombe amoureux fou d'Antigone « qui rêvait dans un coin », après avoir flirté avec Ismène. Aussi le dramaturge a-t-il ajouté la scène du début entre Antigone et lui, au cours de laquelle elle lui fait des adieux émouvants et obscurs, auxquels il ne répond que par des monosyllabes, comme abasourdi par cette conduite. Dans sa grande scène avec son père, il a un rôle beaucoup plus effacé que dans la pièce antique : comme Antigone il se réfugie dans la solitude et la mort, et cherche, en fils soumis, à émouvoir son père en lui rappelant son admiration d'enfant, avant de s'enfuir sans un mot.

Le garde, enfin, qui vient faire son rapport à Créon, n'est guère éloigné de celui de Sophocle : mêmes hésitations à parler, même faconde ensuite, même évocation des discussions avec ses collègues. Anouilh a individualisé les trois gardes par des noms pittoresques, des propos volontairement terre-à-terre sur leur avancement ou leurs façons de tuer le temps. C'est eux, après la morale tirée par le chœur, qui achèvent la pièce, en jouant aux cartes.

Ainsi se crée un **mélange des genres** plus accusé que chez Sophocle. La satire de la vie militaire avec ses mesquineries, l'évocation de la bêtise, viennent dérider le spectateur d'une action éprouvante, comme chez Shakespeare. Les **anachronismes systématiques**, soulignés à la création par les costumes modernes portés par les acteurs, modernisent le vieux mythe, sans en altérer les données fondamentales. La richesse des dialogues, des analyses psychologiques, le caractère concret des images et des évocations, font de l'*Antigone* d'Anouilh une pièce remarquablement efficace.

4. Jean Giraudoux : *Electre*

Deux ans après *La Guerre de Troie...* (voir page 48), Giraudoux fait jouer une nouvelle œuvre, *Electre*, qui sera la pièce officielle de l'Exposition universelle de 1937. L'horizon politique est de plus en plus sombre : menaces de l'Allemagne sur l'Europe, guerre d'Ethiopie, luttes et grèves du Front populaire, début de la guerre civile en Espagne. Tout cela se retrouve à l'arrière plan de la pièce. Giraudoux réalise un projet ancien, formé en Grèce et lors de festivals d'art antique à Orange ou à Saintes.

La pièce, écrite rapidement, est montée par Jouvet en mai 1937, avec une brillante distribution, dont Jouvet lui-même dans le rôle du mendiant, Pierre Renoir dans celui d'Egisthe, Gabrielle Dorziat dans celui de Clytemnestre, et Renée Devillers dans celui d'Electre. La critique est déconcertée devant tant de virtuosité et de préciosité, mais le public fait un sort à la pièce, qui sera jouée 260 fois en deux ans.

Naturellement, Giraudoux s'est inspiré des dramaturges antiques, qu'il connaissait bien depuis sa jeunesse, malgré un certain flou dans ses souvenirs. C'est, semble-t-il la huitième version du mythe depuis Eschyle (voir page 34).

Electre

Acte I. *Une cour intérieure dans le palais d'Agamemnon.*
Un étranger (Oreste) arrive d'un côté escorté de trois petites filles (les Petites Euménides, qui vont grandir au cours de la pièce ; elles sont la version souriante des terribles Erinyes d'Eschyle (voir page 33), les déesses du remords et de la vengeance). De l'autre côté arrive le jardinier en costume de fête, escorté des invités villageois. En effet il doit ce jour épouser Electre.
L'Etranger accueilli par les Euménides et le jardinier, évoque des souvenirs d'enfance sur lui et sur Electre. Le jardinier donne la version officielle de la mort du roi Agamemnon vingt ans auparavant : il aurait glissé dans sa piscine. Les Euménides évoquent les peurs de la reine Clytemnestre, ses querelles avec sa fille Electre. Le jardinier finit par les renvoyer (1). Jugeant ce projet de mariage, formé par le régent Egisthe et la reine, peu réjouissant pour sa famille, le Président du tribunal (cousin éloigné du jardinier) et sa femme Agathe, s'y opposent : en effet le président juge Electre comme une « femme à histoires », qui veut réveiller de vieilles querelles en allant chaque nuit sur la tombe de son père et en cherchant son assassin. Egisthe entre alors (2). Arrive un mendiant, ivre, qui est peut-être un dieu. Egisthe explique sa « croyance » aux dieux, en général indifférents aux hommes, mais qui parfois se réveillent : il vaut mieux ménager leur sommeil, empêcher certains humains (comme Electre), de les réveiller. Le mendiant conseille, à mots couverts, de supprimer Electre avant qu'elle ne « se déclare ». Egisthe se contente de l'éloigner de la famille royale en la mariant à un jardinier (3).
Electre paraît pour son mariage, qu'elle accepte difficilement. Elle se dispute avec Clytemnestre à propos de la chute d'Oreste petit, puis la reine se querelle avec le jardinier, refusant à son tour ce mariage. Le mendiant révèle à mi-voix les mobiles honteux des personnages (4).
Agathe, partie avec l'étranger à l'arrivée d'Egisthe, revient conseiller à Electre d'épouser celui-ci (5) ; Oreste revient, Electre le reconnaît à son nom, et brave sa mère en déclarant vouloir l'épouser ; Clytemnestre constate la ressemblance des deux jeunes gens (7).
Oreste et Electre sont seuls, avec le mendiant. La jeune fille clame sa joie de le revoir, et sa haine,

inexpliquée, pour sa mère (8).
Clytemnestre revient, accepte de donner sa fille à l'étranger, mais Electre proteste, voyant là un stratagème pour l'amener dans le camp des femmes. Egisthe annonce d'une fenêtre le retour d'Oreste et la menace qui pèse sur la paix d'Argos ; il est temps de marier Electre (9). Oreste demande à Electre la raison de sa haine, qu'Electre ne fait qu'entrevoir (10). Clytemnestre revient, reconnaît Oreste, joue avec lui « une minute d'amour maternel ». Deux des Petites Euménides jouent la mère et le fils se disant adieu (11). Devant Electre et Oreste endormis, les Petites Euménides, qui ont maintenant douze ou treize ans, jouent, avec des masques, les rôles (ou les songes) d'Oreste et de Clytemnestre. « Clytemnestre » suggère à « Oreste » de tuer sa sœur : il succéderait rapidement à Egisthe, devenu le mari de Clytemnestre. Ou l'épée bougerait toute seule...(12)
Pendant le sommeil d'Electre et d'Oreste, Le mendiant s'interroge sur la cause de la chute d'Oreste enfant des bras de Clytemnestre. Ce ne peut être Electre qui l'a poussé, elle qui le serre maintenant contre elle. Ce doit être Clytemnestre, qui a préféré retenir Electre. Celle-ci peut donc « menacer toute paix », « ressusciter un crime périmé ». (13)
Entracte. Lamento du jardinier.
Le jardinier, hors jeu, vient dire au public « ce que la pièce ne pourra (lui) dire ». Il constate sa solitude. Mais sa triste méditation se change en hymne à la joie et à l'amour, ce qui est apparemment paradoxal dans une tragédie, alors que les sentiments y sont à l'état pur.
Acte II. *Même décor. Peu avant le jour.*
Le mendiant et Electre attendent l'aurore, tandis qu'Oreste dort encore avant d'accomplir son destin. Le temps de la tragédie s'accélère, comme le suggère la fable de l'insecte qui traverse une vie entière en cinq minutes (1). On entend un duo d'amour entre Agathe et un jeune amant ; Agathe est frivole et habile comme l'Hélène de *La Guerre de Troie*.(2). Oreste est enfin réveillé. Les Euménides, qui ont grandi, tentent de le détourner de sa mission en chantant la vie, l'amour, le pouvoir. Electre le ramène dans le droit chemin en lui révélant la vérité, révélée par la nuit : leur père a été assassiné, leur mère a un amant. Mais qui est l'assassin ? (3).
Clytemnestre est assaillie de questions par ses enfants, dénonce leur manie de déterrer des secrets. Si d'ailleurs elle avait un amant, elle ne serait pas la première reine... (4). Clytemnestre, seule avec sa fille, essaye de l'entraîner dans le camp des femmes, lui parle de ses malheurs. Mais Electre reste inflexible : « Qui aimes-tu ? Qui est-ce ? » (5) La même question retentit en écho : c'est le Président qui la pose à Agathe. Celle-ci, encouragée par Electre, avoue, pour toutes les femmes, ses infidélités. Le Président menaçant d'humilier son amant, elle nomme Egisthe. Clytemnestre se trahit alors en la traitant de menteuse ! Le mendiant pensait qu'Egisthe avait un faible pour Electre...(6).
Egisthe vient installer son quartier général ; en fait il est venu pour Electre. Les Corinthiens menacent la ville, la garde réclame un roi : qu'Egisthe épouse Clytemnestre ! Egisthe alors se « déclare » comme roi, jure de sauver la ville d'Argos, qu'il a reçue en don. Il demande au Président de lui pardonner en lui permettant ce mariage. Cependant Electre a tout compris : Clytemnestre haïssait son mari, comme Agathe le sien, sans pouvoir le clamer. Qu'elle le fasse ! Mais celle-ci veut partir avec Egisthe. Electre alors appelle Oreste, qui est enchaîné par les Euménides ; ces dernières accourent à sa place. (7).
Electre démasque l'hypocrisie des dieux : ils peuvent changer Egisthe en roi, non en innocent. Une scène de famille s'ensuit, Clytemnestre évoquant l'obsession paternelle d'Electre, Egisthe la suppliant d'accepter son mariage avec la reine. Electre alors se déclare elle aussi : elle a reçu comme Egisthe le don d'Argos, mais d'une Argos juste et tendre.
Finalement elle accuse Egisthe et Clytemnestre de l'assassinat de son père. Seule la reine essaye de se défendre.

Les ennemis sont aux portes, Egisthe s'engage, en cas de victoire, à s'effacer devant Oreste ; Electre refuse. Après un dernier échange violent, Egisthe part, ordonnant de le libérer (8). La femme Narsès arrive avec une troupe de mendiants pour délivrer Oreste. Le mendiant raconte la mort d'Agamemnon, ignominieuse : Clytemnestre tenait son mari à terre tandis qu'Egisthe le frappait.
Oreste arrive, et repart, priant le mendiant de raconter maintenant la mort de Clytemnestre et d'Egisthe, pendant qu'elles ont lieu. Egisthe en mourant prononce le nom d'Electre (9). On annonce l'incendie de la ville et le massacre des habitants par les Corinthiens. Les Euménides accusent Electre, qui se déclare satisfaite : elle a sa conscience, Oreste, la justice pour elle. Mais, répondent-elles, sa conscience la tourmentera, et elles vont poursuivre Oreste. La femme Narsès demande comment s'appelle ce moment du jour qui se lève, où tout est saccagé, mais où les coupables agonisent : « Cela s'appelle l'aurore », répond le mendiant (10).

Le sujet de la pièce est sensiblement différent de celui des pièces antiques, même si l'on y retrouve les mêmes données de base. Il ne s'agit plus pour Oreste et Electre de venger l'assassinat d'Agamemnon en tuant Clytemnestre et Egisthe, mais de la **découverte de la vérité au sujet de cet assassinat**. L'intérêt se déplace donc des ruses d'Oreste et du pathétique engendré par la nouvelle de sa mort, vers une série d'enquêtes de style policier et de « révélations » successives, qui rapprochent la conduite de la pièce de celle d'*Œdipe roi* de Sophocle.

La structure de la pièce, découpée en deux actes, suivant la mode des années 30 qui prévoit un entracte, s'oriente d'abord sur le désir d'Electre de sortir d'une étouffante atmosphère de mensonge officiel (Acte I), puis sur l'approche progressive de la vérité (Acte II). On retrouve les grands moments des tragédies antiques : le retour d'Oreste après vingt ans d'éloignement (exil non traité par Giraudoux), se faisant passer pour un étranger, la reconnaissance du frère et de la sœur, mais sans les artifices anciens (rencontre sur le tombeau d'Agamemnon, boucle de cheveux d'Oreste trouvée sur la tombe soit par Electre elle-même, soit par sa sœur, soit par un vieux serviteur), disputes violentes entre mère et fille (comme chez Sophocle et Euripide), mais pour des raisons nouvelles : Electre n'en finit pas de reprocher à sa mère la chute d'Oreste enfant, refuse de la comprendre en tant que femme, et est en somme un bloc d'agressivité sans cause apparente. La vengeance finale a bien lieu dans l'avant-dernière scène, mais un peu parce que l'auteur ne peut faire autrement. La trouvaille de Giraudoux est ici, après un premier récit de la mort d'Agamemnon par le mendiant, le **second récit de l'assassinat d'Egisthe et de Clytemnestre en temps réel**, et même avec de légers décalages dans le temps, un peu comme un reportage à la télévision aujourd'hui !

D'autres passages des pièces antiques sont abandonnés : le songe de Clytemnestre engendrant un serpent, Electre envoyée au tombeau d'Agamemnon pour porter des libations de la part de sa mère (Eschyle),

Oreste, accompagné soit de Pylade (Eschyle, Euripide), soit d'un précepteur (Sophocle), se faisant passer pour mort et pleuré par Electre (Sophocle), etc.

L'unité d'action est d'ailleurs le souci secondaire de l'auteur, qui déclarait dans une interview (11 mai 1937 au *Figaro*) : « J'ai cru bon de mettre, dans ma pièce, des développements de pensée, des monologues, des récits, des rêves qui font corps avec l'action, la précisent et l'expliquent. » En fait la simplicité des pièces antiques disparaît sous divers développements propres à l'auteur.

Des trois tragiques grecs, celui dont Giraudoux est le plus proche est Euripide : il lui emprunte, sinon le mariage d'Electre avec un pauvre laboureur, du moins un projet de mariage avec le jardinier du palais, qui s'efface dès qu'Oreste paraît, suggérant les liens presque incestueux du frère et de la sœur. Mais il ne situe pas sa pièce à la campagne, ce qui obligeait Euripide à faire venir Clytemnestre chez Electre sous prétexte d'un accouchement, et Egisthe à sa maison de campagne pour un sacrifice aux Nymphes. À Eschyle il emprunte les **figures inoubliables des Euménides**, qu'il tire de la troisième pièce de l'*Orestie*, intitulée justement *Les Euménides*. Mais, alors que Sartre renforcera dans *Les Mouches* leur aspect répugnant (voir page 74), Giraudoux les transforme en petites filles puis en jeunes filles, gracieuses et insolentes, au rôle extrêmement complexe : à la fois confidentes, initiant au début Oreste à la vie du palais (I,1), enfants jouant avec des masques les fantasmes inavouables d'Oreste endormi (I,11), dans une mise en abyme* de la pièce entière digne de Shakespeare (*Hamlet*) ou Corneille (*L'Illusion comique*), jeunes filles jouant les tentatrices du bonheur auprès d'Oreste prêt à prendre la fuite et à fuir son destin (II,3), avant de paraître elles-mêmes à la fin, conformément à la légende, pour poursuivre Oreste et dépouiller Electre de sa bonne conscience.

Les dieux, si présents chez Eschyle, apparaissent **de biais** chez Giraudoux, à travers les déclarations d'Egisthe (I,3). Agnostique*, celui-ci « croit qu'il croit » aux dieux, voit en eux de « grandes indifférences », proches de l'inconscience, mais d'une « inconscience omnisciente », qu'il vaut mieux ne pas réveiller.

Autrement dit, les dieux d'Egisthe ont peu à voir avec le panthéon traditionnel ou la Providence judéo-chrétienne, mais sont plutôt des émanations des philosophes présocratiques*.

Par contre, en dehors des Euménides, déesses heureusement renouvelées, **Giraudoux avec le mendiant a créé un personnage original**, mi-homme mi-dieu, capable de lire dans la conscience des personnages, les aidant à se trouver, supputant l'avenir, servant de chœur à lui tout seul.

Les personnages de la tradition empruntent certains traits à leurs prédécesseurs. **Electre** a la même ardeur indomptable à venger son père, le même amour passionné pour son frère, les mêmes plaintes sur son sort que chez Eschyle ou Euripide, la même haine pour sa mère que chez Sophocle.

Mais, ne sachant pas encore les raisons de sa haine et de son malaise, elle se cogne au monde en aveugle. Oreste, le mendiant, Egisthe vont l'aider peu à peu à **prendre conscience d'elle-même et de la vérité**, qu'elle devine seule pendant la nuit au début de l'acte II. En face d'un Oreste falot, instrument de la vengeance, elle est la « femme à histoires », comme dit le Président, celle qui préfère la vérité enfouie dans le passé au bonheur du présent. De l'incarnation de l'amour filial chez les anciens, **elle devient une figure métaphysique, l'incarnation de la résistance à l'hypocrisie, aux vérités officielles, dût le monde en périr**. Elle devient ainsi assez proche d'Antigone, autre figure prestigieuse du théâtre ancien et moderne (cf. pages 26 et 60).

Si **Oreste** apparaît assez pâle, jouet du destin et de sa sœur, Giraudoux a beaucoup renouvelé **les figures de Clytemnestre et d'Egisthe**.

La première est toujours criminelle et adultère, mais elle vit dans la peur, l'inquiétude, la frustration. Sa haine pour Agamemnon ne vient pas du fameux sacrifice d'Iphigénie, mais de raisons plus profondes : Agamemnon était un roi vaniteux, dont la barbe annelée était un symbole, qui l'obligeait à un rôle officiel écrasant, sans amour et sans joie.

Le second acquiert par contre une stature qu'il n'a pas dans l'antiquité, où il se présente comme un homme lâche et voluptueux, arrivant par la grâce de Clytemnestre. Giraudoux lui confère une grandeur nouvelle : intelligent, majestueux et sceptique, il a toutes les qualités pour être roi, et Argos lui est « donnée » quand il se « déclare » (II,7) ; hélas, il est trop tard, le destin le rattrape au seuil de l'accomplissement.

Le deuxième aspect original d'Egisthe est son amour secret pour Electre, qui l'aide sans qu'elle le sache, à se révéler, et dont il prononce le nom en mourant.

Le sens général de l'*Electre* de Giraudoux n'est pas facile à saisir. Son tragique est très personnel, en phase avec l'actualité politique de son époque : on distingue dans la famille des Atrides un conflit entre deux camps bien tranchés, à l'image de la lutte entre démocraties et régimes totalitaires, ou encore un état de crise comme lors de l'affaire Dreyfus ou du Front populaire. S'opposent ainsi le **parti de l'ordre**, symbolisé par Egisthe et le Président, qui essaye de gérer au jour le jour les conflits qui menacent la paix, et **celui de la révolte et de la résistance à l'ordre établi**, au nom de la justice, symbolisé par Electre. Mais la fin est ambiguë, dans la mesure ou l'intransigeance de la jeune fille conduit à la destruction totale d'Argos. Ainsi la vérité d'Electre est-elle d'un ordre différent, plus métaphysique : elle est en désaccord avec l'ordre du monde, ce qui suggère chez son auteur une nostalgie pour un paradis perdu et un pessimisme assez radical sur les rapports humains.

5. Jean-Paul Sartre : *Les Mouches*
Vie de Jean-Paul Sartre (1905-1980)

Jean-Paul Sartre est une figure considérable des lettres et de la philosophie du XXe siècle, un peu comme le fut Voltaire en son temps. Il toucha à tous les genres, fut le directeur-fondateur de la revue *Les Temps modernes*, et joua un rôle politique en marge du communisme puis du mouvement de mai 1968.

Né le 21 juin 1905 à Paris, dans un milieu de bourgeoisie intellectuelle, il est le fils d'un polytechnicien et officier de marine, qui meurt dès 1906 en Indochine, et d'une jeune femme, Anne-Marie Schweitzer, dont le père est un célèbre germaniste, et cousin du docteur Albert Schweitzer. Sartre a décrit dans *Les Mots* (1964) sa petite enfance en plein quartier latin entre ses grands parents et sa mère, devenue la sœur aînée de son fils par son veuvage. Dans un milieu où la culture est l'objet d'un véritable culte, il lit tôt tout ce qui lui tombe sous la main, écrit, est surtout joue le rôle de l'enfant modèle et du futur écrivain génial qu'on exige de lui, vivant dans ce qu'il appellera plus tard sa « mauvaise foi ».

En avril 1917 sa mère se remarie, avec un polytechnicien également, Joseph Mancy, qui s'occupera de l'enfant avec sérieux, mais qu'il n'aimera pas particulièrement. Tous trois vont vivre à La Rochelle, séjour que Sartre évoquera peu. De retour à Paris en 1920, il poursuit de brillantes études au lycée Henri IV, puis à l'Ecole Normale supérieure.

En 1929 il rencontre Simone de Beauvoir, avec qui il prépare l'agrégation de philosophie. Ils ne se quitteront plus, affectivement et intellectuellement, tout en préservant chacun jalousement leur liberté.

Les années suivantes se passent, après le service militaire et un an en Allemagne, au Havre comme professeur de philosophie. Sartre voyage, lit et écrit beaucoup. Il commence par publier des essais sur le fonctionnement de la conscience, dans le sillage de la phénoménologie* allemande, *L'Imagination* (1936), et *Esquisse d'une théorie des émotions* (1939). En 1938 il publie un roman, *La Nausée*, qui le fait reconnaître comme écrivain, en 1939 les nouvelles qui composent *Le Mur*, et en 1940 un autre essai de psychologie, *L'Imaginaire*.

Mobilisé en 1939, il est fait prisonnier en juin 40 et transféré à Trèves dans un stalag. En 1941 il revient à Paris, enseigne à Neuilly, et en 1943, année faste, il fait jouer *Les Mouches*, montées par Charles Dullin, et publie un énorme essai de philosophie existentialiste qui va asseoir sa réputation, *L'Être et le néant*.

Désormais sa carrière va être féconde et glorieuse. Quittant l'enseignement en 1945, il se consacre entièrement à son œuvre et à son activité militante aux côtés du P.C. et en faveur du tiers-monde, mettant en pratique sa doctrine de l'engagement.

Il fera jouer successivement au théâtre *Huis clos* (1944), *Morts sans sépulture*, *La Putain respectueuse* (1946), *Le Diable et le Bon Dieu* (1951), *Les Séquestrés d'Altona* (1959), et *Les Troyennes*, d'après Euripide (1965). Il publie après la guerre un ensemble de romans avec comme titre global *Les Chemins de la liberté* (*L'Age de raison*, *Le Sursis*, *La Mort dans l'âme*, 1945-1949), écrit de nombreux essais dans tous les domaines (critique littéraire, philosophique, politique) recueillis sous le titre de *Situations I* à *X* (1947-1976), et des études biographiques et psychologiques (*Baudelaire*, 1947, *Saint Genet, comédien et martyr*, 1952, sur Jean Genet, *L'Idiot de la famille*, 1971-1972, trois volumes sur Flaubert, et *L'Engagement de Mallarmé*, 1979). Des milliers de personnes suivent son enterrement en 1980.

Faire jouer Les Mouches *en 1943*

Le metteur en scène Charles Dullin (voir page 43) joua dans une certaine mesure pour Sartre à ses débuts le rôle que tint Jouvet pour Giraudoux (cf. page 43). Grâce à lui, qu'il connut en 1932, Sartre eut une connaissance intime du théâtre, et c'est tout naturellement que le grand metteur en scène créa *Les Mouches* dans l'immense théâtre Sarah Bernhardt.

Dès 1941, lors d'une représentation des *Suppliantes* d'Euripide au stade Roland-Garros, dans une mise en scène de Jean-Louis Barrault et avec une musique d'Arthur Honegger, Sartre avait eu l'idée de sa pièce, « unique forme de résistance qui lui fût accessible » (Simone de Beauvoir), après la dissolution du groupe « Socialisme et liberté » qu'il avait fondé avec son ami le philosophe Maurice Merleau-Ponty. Déjà, au stalag, il avait fait jouer par les prisonniers un « mystère de Noël » intitulé *Bariona*, qui évoquait en fait l'occupation de la Palestine au temps du Christ par les Romains. Tout en reprenant donc un sujet qu'avait traité Giraudoux quelques années auparavant dans *Electre* (cf. page 67), Sartre voulait évoquer indirectement le régime du Maréchal Pétain, l'Etat français :

> Pourquoi faire déclamer des Grecs...si ce n'est pour déguiser sa pensée sous un régime fasciste ? Le véritable drame que j'aurais voulu écrire, c'est celui du terroriste qui, en descendant des Allemands dans la rue, déclenche l'exécution de cinquante otages.
> (Interview à *Carrefour* du 9 septembre 1944).

Si le nom des Mouches pour qualifier les Erinyes d'Eschyle et les Euménides de Giraudoux fut sans doute suggéré par ce dernier (« – Le jardinier : allez-vous nous laisser ? On dirait des mouches. » *Electre*, I, 1), **le contexte et les intentions de l'auteur sont sensiblement différents** : Les Mouches sont peut-être les espions qui infestent la France de l'Occupation. Le régime qui règne sur Argos, avec à sa tête un régent illégitime, Egisthe, et une opposition intérieure, symbolisée par Electre, et extérieure, symbolisée par Oreste, évoque assez clairement le régime du Maréchal Pétain et la Résistance en France et hors de France.

Par ailleurs le **culte du remords national et des morts** qui empoisonne Argos fait écho aux déclarations du Maréchal : « Vous souffrez et vous souffrirez longtemps encore, car nous n'avons pas fini de payer toutes nos fautes. » (*La France nouvelle*, 1943). Enfin la complicité objective de Jupiter avec l'ordre moral voulu par Egisthe fait la satire de la complicité d'une partie de l'Eglise catholique avec le régime de Vichy.

La création de la pièce, qui nécessitait une mise en scène importante et évoque une Grèce barbare, fut un demi-succès. La critique fut peu compréhensive, plus pour des raisons esthétiques que politiques, tant la complaisance supposée de l'auteur pour l'horrible, et sa conception de la liberté dans le crime, parurent choquantes. Seuls quelques intellectuels saisirent le message politique et philosophique de la pièce.

Les Mouches

Acte I. *Une place d'Argos. Une statue de Jupiter, dieu des mouches et de la mort. Yeux blancs, face barbouillée de sang.*
De vieilles femmes en procession font des libations à Jupiter.
Oreste entre avec le pédagogue, demande son chemin ; tous s'enfuient, sauf un idiot. Des essaims de mouches les poursuivent. Un barbu les suit depuis Nauplie, Jupiter, qui se fait passer pour l'Athénien Démétrios, et les renseigne : c'est la fête des morts. Quinze ans auparavant jour pour jour, le roi Agamemnon a été assassiné par Clytemnestre, sa femme, et Egisthe, le roi actuel, son amant. La ville a eu peur, mais n'a pas réagi, et les dieux ont envoyé les mouches. Une vieille femme, interpellée par le faux Démétrios, se repent constamment depuis, comme tous les habitants, sauf Egisthe.
Oreste interroge « Démétrios » sur Electre et…Oreste, que l'on dit mort, ou vivant, recueilli par des bourgeois d'Athènes. Jupiter s'adresse alors à Oreste, qui se fait passer pour Philèbe, de Corinthe, comme s'il s'adressait à Oreste. Il lui prédit que, s'il revenait, en supprimant leur remords et leur peur, il ferait régner l'ennui parmi eux ; d'ailleurs, il n'a rien à voir avec le crime. Oreste renonce à répondre (1).
Oreste se plaint au pédagogue de son enseignement humaniste, fondé sur la « liberté d'esprit » ; il explique qu'il est venu à Argos pour voir le palais où il est né, mais qu'il n'a pas de souvenirs. Le pédagogue, vexé, évoque la culture et la philosophie qu'il a inculquées à son élève, « affranchi de toutes les servitudes et de toutes les croyances, sans famille, sans patrie, sans religion, sans métier, libre pour tous les engagements et sachant qu'il ne faut jamais s'engager, un homme supérieur enfin. » Oreste conteste cette vision de la liberté, dépourvue de pesanteur. Il regrette le sort des hommes nés « engagés », avec un acte qui les attend, « leur acte », regrette l'enfance, et

même le remords, qu'il n'a pas eus au palais, et décide de partir, alors que le pédagogue craignait qu'il ne lui vienne l'idée de chasser Egisthe. (2)
Electre arrive, sans les voir, portant une caisse d'épluchures qu'elle dépose au pied de la statue de Jupiter. Elle injurie le dieu, qu'elle espère voir fendu en deux par l'homme qu'elle attend. Oreste se présente sous le nom de Philèbe (3).
Electre se présente comme la servante du roi et de la reine ; mais elle n'ose s'enfuir. Elle attend « quelqu'un », et, en attendant interroge Philèbe sur Corinthe, ville heureuse et tranquille. Or, si un Corinthien venait à Argos, découvrait « son père assassiné, sa mère dans le lit du meurtrier, et sa sœur en esclavage », que ferait-il ? Oreste ne sait que répondre. (4)
Clytemnestre paraît. Elle ordonne à Electre de se préparer pour la fête des morts, mais celle-ci refuse cette comédie. Clytemnestre renonce, mais remarque que sa fille lui ressemble, ce que confirme Oreste. La reine découvre alors le jeune homme et l'interroge, avant de se livrer au jeu de la vérité : la ville est maudite, elle-même est criminelle ; elle avait un fils...C'est alors qu'au cours d'une dispute Clytemnestre prédit à Electre qu'elle aussi sera une criminelle. La jeune fille finit par accepter d'assister à la fête des morts. Oreste annonce à Jupiter-Démétrios qu'il ne part plus. Jupiter lui offre ses services (6).

Acte II. Premier tableau. *Une plate-forme dans la montagne. À droite, la caverne. L'entrée est fermée par une grande pierre noire. À gauche, des marches conduisent à un temple.*
La foule attend l'arrivée d'Egisthe, redoutant le retour des morts. Jupiter arrive avec Oreste et le pédagogue, qui souligne l'excellence de sa philosophie en face de cette superstition (1).
Egisthe arrive enfin ; malgré l'absence d'Electre, qui l'irrite profondément, il donne au grand prêtre l'ordre de commencer la cérémonie. Son discours aux morts les encourage à venir tourmenter les vivants.
Egisthe à son tour accable les vivants sous le poids de leurs fautes vis-à-vis des morts, avant d'évoquer celui qu'il a tué, Agamemnon. Oreste proteste, tire son épée ; Jupiter l'arrête, au moment où paraît Electre, en robe blanche (2).
Egisthe considère cette tenue de fête comme une provocation, et la menace. Mais Electre n'a que faire de cette cérémonie, et « voit » son père qui l'encourage. Elle évoque des villes heureuses, nie le retour des morts, se met à danser : les morts se taisent. Mais au moment où la foule commence à se révolter contre Egisthe, Jupiter ouvre la porte de la caverne par une formule magique : la foule veut lyncher Electre. Egisthe, ne pouvant la punir en ce jour, la condamne à l'exil. Jupiter veut tirer la morale de cet incident, mais Oreste révèle qu'Electre est sa sœur et qu'il veut lui parler (3).
Oreste, sous le nom de Philèbe, offre à Electre de s'enfuir avec lui à Corinthe, mais elle refuse, parce qu'il lui a « fait oublier (s)a haine ».
D'ailleurs, elle attend un frère pour la délivrer, qu'elle imagine terrifiant. Oreste révèle alors son identité. Electre, dépitée, voit Oreste aussi faible qu'elle, et refuse de fuir.
Jupiter paraît, les écoutes sans se montrer. Electre repousse son frère : c'est un complice qu'elle voulait, pas une « belle âme » sans haine. « Sans amour non plus », reprend Oreste accablé, qui se plaint d'« exister à peine ».
Le jeune homme se confesse alors : il veut être « un homme parmi les hommes », implore Zeus de l'éclairer sur sa volonté par quelque signe. Jupiter répond par un prodige dont se moque Electre.
Oreste alors se métamorphose devant une Electre glacée : déçu par « le Bien », il décide de « descendre » vers Argos, d'assumer tous ses crimes, de tuer le roi et la reine. Electre reconnaît alors Oreste. Jupiter sort à pas de loup (4).

Deuxième tableau. *Dans le palais ; la salle du trône. Une statue de Jupiter, terrible et sanglante. Le jour tombe.*
Oreste et Electre se cachent derrière le trône (1). Deux soldats discutent, évoquent les mouches affolées ce jour et le fantôme d'Agamemnon qui doit être assis sur son trône (2).

Egisthe et Clytemnestre entrent, renvoient les soldats. Oreste et Electre sont toujours cachés. Egisthe s'inquiète de la fragilité des remords d'Argos ; lui-même se sent vide, las d'une fable qu'il a inventée lui-même. Clytemnestre veut le réconforter, mais il la repousse (3).
Egisthe, qui se croit seul, avoue à Jupiter le vide de son âme, son absence de gaieté ou de tristesse (4). Jupiter paraît, se fait reconnaître par des éclairs ; il trouve sa statue repoussante, mais lui-même « n'a que faire d'être aimé ». Il annonce à Egisthe qu'Oreste veut le tuer.
Egisthe trouve que « c'est dans l'ordre », mais reproche à Jupiter de protéger Oreste. Le dieu trouve tous les crimes utiles pour lui, mais ne supporte pas un crime sans remords comme celui que va commettre Oreste. Il révèle alors à Egisthe que tous deux sont liés par le même secret : ils savent que les hommes sont libres, mais les hommes ne le savent pas. Eux, le roi et le dieu, sont las de l'image qu'ils donnent aux autres et à eux-mêmes, mais ils doivent faire régner l'ordre. Jupiter prie donc Egisthe de faire arrêter le frère et la sœur ; lui ne peut plus rien contre Oreste, car Oreste sait qu'il est libre ; dans ce cas les dieux n'ont plus de pouvoir. Jupiter sort (5). Oreste surgit, se précipite sur Egisthe qui ne se défend pas, et le tue, au nom de la justice et de la libération d'Argos. Egisthe le maudit, tout en l'avertissant : « Prends garde aux mouches ». Electre ensuite refuse de guider son frère vers la chambre de Clytemnestre. Oreste s'y rend seul (6). Electre, seule, n'éprouve plus de haine pour Egisthe, redoute les coups d'Oreste contre leur mère, dont les cris annoncent la mort. Electre hésite à se réjouir de ces morts, qu'elle a pourtant voulues (7).
Oreste revient, une épée sanglante à la main. Il refuse de répondre aux questions de sa sœur, qui se blottit dans ses bras. Ils sont unis deux fois par le sang, celui de leur naissance et celui qu'ils ont versé.
Electre contemple le visage de son frère, illuminé par la conscience de sa liberté : il a fait « son acte », a trouvé « son chemin ». Mais Electre ne voit plus que les essaims de mouches qui les menacent, « les Erinnyes, les déesses du remords ». Ils se réfugient dans le temple d'Apollon (8).

Acte III. *Le temple d'Apollon. Pénombre. Une statue d'Apollon au milieu. Electre et Oreste dorment au pied de la statue, entourant ses jambes de leurs bras. Les Erinnyes, en cercle, les entourent ; elles dorment, debout, comme des échassiers. Au fond, une lourde porte de bronze.*
Au matin, tandis qu'Oreste et Electre dorment encore, les Erinnyes s'éveillent et chantent les supplices qu'elles leur réservent. Elles réveillent à leur tour les jeunes gens. Electre rejette Oreste et son meurtre avec horreur. Elle a tant vieilli en une nuit qu'elle ressemble maintenant à Clytemnestre. Les Erinnyes la torturent en l'associant au crime d'Oreste, particulièrement abominable, et finissent par se jeter sur elle, consentante, alors qu'Oreste affirme sa liberté, et voudrait entraîner sa sœur au loin (1).
Jupiter survient, écartant les Erinnyes ; il est partagé entre la colère et la pitié vis-à-vis des jeunes gens. Oreste refuse son ton bonhomme, ne se reconnaît pas comme coupable ; quand à Electre, elle est libre de se délivrer elle-même de ses angoisses. Jupiter considère la « liberté » d'Oreste comme celle du prisonnier dans ses chaînes. Il offre la vraie liberté à Electre en échange « d'un peu de repentir ». D'ailleurs elle n'a jamais voulu ce crime : elle a « joué au meurtre, parce que c'est un jeu qu'on peut jouer toute seule ».
Oreste proteste, rappelle à sa sœur sa volonté passée de haine. Jupiter leur offre le trône d'Argos, qu'Oreste refuse avec hauteur.
Jupiter alors leur révèle que les hommes d'Argos attendent leur « sauveur » avec des pierres, derrière la porte. Prenant une dimension cosmique, le dieu rappelle à Oreste qu'il est dans le monde comme « une écharde dans la chair », qu'il est le Mal au milieu du Bien. Qu'il se repente donc de sa faute...
Mais Oreste voit en Jupiter le roi de dieux, non le roi des hommes. « Je suis ma liberté ! » déclare-t-il. Alors qu'il se sentait la veille encore né pour le Bien, la liberté a fondu sur lui. Etranger au

monde comme à lui-même, il est condamné à sa propre loi, à son propre chemin, loin du remords et des dieux. Désormais il va ouvrir les yeux des hommes d'Argos, au prix du désespoir. Jupiter avoue son déclin, mais rappelle à Electre que son règne n'a pas de fin. (2).
Electre rejette Oreste : il lui a tout volé. Oreste tente de l'emmener avec lui pour devenir eux-mêmes, mais elle appelle Jupiter au secours, accepte sa loi, et l'expiation (3).
La première Erinnye dissuade ses sœurs de la poursuivre pour se jeter sur Oreste (4). Le pédagogue paraît pour lui porter des vivres ; les gens d'Argos l'attendent derrière la porte. Oreste lui donne l'ordre de l'ouvrir à deux battants ; la foule s'arrête, interdite, sur le seuil (5). Oreste les arrête en leur rappelant qu'il est leur roi. Dans un long monologue, il oppose le crime ancien d'Egisthe, qui ne l'a pas assumé, au sien, qu'il revendique. Mais, « roi sans terre et sans sujet », il préfère partir pour une nouvelle vie, entraînant, comme jadis le joueur de flûte entraînait les rats de Scyros, les Erinnyes après lui, libérant le peuple. « Les Erinnyes se jettent en hurlant derrière lui » (6).

Les intentions de Sartre dans Les Mouches

La première remarque que l'on peut faire sur la pièce par rapport à ses modèles antiques est qu'**elle est fondée sur la notion de liberté et non sur celle de destin**. Sartre l'a lui-même remarqué :

> La tragédie est le miroir de la Fatalité. Il ne m'a pas semblé impossible d'écrire une tragédie de la liberté, puisque le Fatum* antique n'est que la liberté retournée. (*Un théâtre de situations*, p. 223)

Cette conception de la tragédie peut sembler contradictoire, dans la mesure où le déroulement de la pièce est conforme au mythe antique, qui voit Oreste venger son père en assassinant sa mère et l'amant de celle-ci.

Mais Sartre a beaucoup insisté sur la liberté d'Oreste, qui commet son acte non sur l'ordre de l'oracle d'Apollon, mais selon une intuition métaphysique fulgurante : « Tout à coup la liberté a fondu sur moi et m'a transi...Il n'y a plus rien eu au ciel, ni Bien ni Mal, ni personne pour me donner des ordres » (III, 2).

Mais cette liberté peut sembler une liberté vide, celle du « prisonnier chargé de chaînes », comme le lui fait remarquer Jupiter dans la même scène. Oreste répond : « Pourquoi pas ? » En fait il s'agit d'une situation-limite, de celles « qui présentent des alternatives dont la mort est l'un des termes. Ainsi la liberté se découvre à son plus haut degré puisqu'elle accepte de se perdre pour pouvoir s'affirmer » (*L'Être et le Néant*, p. 543).

Une deuxième remarque à propos des *Mouches* et de ses modèles est que **Sartre est peut-être plus proche que Giraudoux de la grandeur antique**, même si l'on peut lui reprocher d'introduire une thèse philosophique dans le monde homogène de la tragédie. Prenant comme point de départ l'*Orestie* d'Eschyle, il en respecte mieux la **dimension de sacré**, même si elle est à la limite de la dérision. La pièce se passe en effet un jour de fête des morts ; s'y déroule, lugubre et grandiose, une cérémonie funèbre, avec invocations et supplications. Sartre ici se souvient non seulement d'Eschyle, mais aussi d'un passage de l'*Odyssée*, la *nékuia*, l'invocation des morts. Egisthe a beau révéler que c'est lui qui a inventé ce rituel, son efficacité sur la sensibilité des spectateurs est certaine.

Le dernier acte, dans le temple d'Apollon, s'inspire abondamment des *Euménides* d'Eschyle : Sartre parodie même page 218 les chœurs de la tragédie antique :

> Eschyle :
> « Chantons sur notre victime le chant qui affole, qui égare, qui fait perdre l'esprit, l'hymne des Erinyes, qui enchaîne les âmes, hymne sans lyre, qui dessèche les mortels. » (*Les Euménides*, vers 330-333)

> Sartre :
> « Quel amour nous comblerait autant que la haine ?
> Bzz, bzz, bzz, bzz.
> Nous serons les yeux fixes des maisons,
> Le grondement du molosse qui découvrira les dents sur ton passage,
> Le bourdonnement qui volera dans le ciel au-dessus de ta tête,
> Les bruits de la forêt,...
> Nous serons la nuit,
> L'épaisse nuit de ton âme. » (*Les Mouches*, p. 218).

Une troisième remarque concernerait les **rapports familiaux des Atrides**.

On retrouve là encore les donnée fondamentales de la tragédie grecque : Arrivée d'Oreste à Argos sous un faux nom, haine féroce d'Electre pour sa mère et pour Egisthe, et attente angoissée d'Oreste comme vengeur, rapport quasi incestueux et complicité dans le crime du frère et de la sœur, remords final d'Oreste symbolisé par les Erynnies qui se précipitent sur lui à la fin.

Mais, bien sûr, les réinterprétations de Sartre modifient beaucoup ces données.

Les personnages

La pièce, contrairement à celle de Giraudoux, qui faisait la part belle à Electre, a **Oreste pour centre**. Bon jeune homme cultivé et curieux au début, peu attiré par la situation présente de sa ville natale, il bascule tout à coup dans l'engagement et la « liberté ». De pur instrument du destin, il devient **un personnage responsable**, rejetant l'enseignement de son maître, rebelle au remords imposé par Jupiter, indigné par la conduite d'Egisthe, cherchant un sens à sa vie, et finalement, en prenant sur lui la faute collective, assumant, à l'insu de Sartre apparemment, une dimension christique, ou encore révolutionnaire, si l'on y tient. Sartre d'ailleurs était prêt à toutes ces interprétations (cf. *Un théâtre de situations*, page 234).

Mais la fin de la pièce est ambiguë : alors que dans *Les Euménides* d'Eschyle Oreste est absous de son crime grâce au jugement de l'Aréopage et à la protection d'Athéna (cf. page 32), ici Oreste s'en va d'Argos suivi des Erynnies dont il débarrasse la ville ; mais quel va être son destin, Sartre n'en souffle mot. La comparaison avec Hans le joueur de flûte et ses rats semble une facilité pour dénouer une situation sans issue.

Electre elle aussi connaît un chemin inédit par rapport à ses devancières. Jusqu'à l'acte de son frère, elle ressemble beaucoup aux pures jeunes filles d'Eschyle et de Sophocle ; Sartre insiste même sur sa condition de servante du couple royal, sur son intransigeance, sur sa violence quand elle échoue à secouer l'angoisse collective lors de la cérémonie des morts. C'est elle qui pousse son frère dans la salle du trône à tuer Egisthe et qui lui dit : « Frappe-le ! Ne lui laisse pas le temps de crier. » (Acte II, II, 6). Mais, une fois le double assassinat accompli (II, II, 7), elle cesse d'assumer sa volonté, ivre de joie sur le moment, mais voyant bien vite les Erinnyes fondre sur eux, et, après une nuit, devenue aussi vieille que Clytemnestre et prête à se précipiter dans les bras de Jupiter, pénétrée par le repentir.

Electre représente ainsi l'emprise de l'imaginaire : pendant quinze ans elle n'a vécu que par sa haine et son attente d'Oreste ; désormais sa vie n'a plus de sens. L'Electre de Giraudoux, la « femme à histoires », assumait, quant à elle, les pauvres et les malheureux d'Argos, refusait le mensonge collectif. De toute évidence Sartre a voulu transformer le rôle.

Les autres personnages de la tradition sont plus ou moins renouvelés.

Le pédagogue n'apparaît que chez Sophocle, où il figure un personnage lumineux, qui présente Argos à Oreste et l'engage à prendre sa décision. Ici il devient **l'incarnation satirique du philosophe humaniste**, dont la prudence confine à la lâcheté, et la culture au refus d'agir.

Clytemnestre a perdu beaucoup de sa superbe antique ou moderne. Ne croyant plus à rien, elle ne fait qu'obéir aux ordres d'Egisthe : « Il y a longtemps que j'ai renoncé à te donner des ordres en mon nom. Je t'ai transmis ceux du roi. » (I, 5) Pénétrée du remords de ses crimes, elle n'a même pas l'excuse du sacrifice d'Iphigénie, comme dans l'antiquité, ou de la prétention d'Agamemnon, comme chez Giraudoux, pour se justifier.

Egisthe, personnage falot dans la tragédie antique, apparaît ici comme l'antithèse de celui de Giraudoux. Alors que celui-ci mourait juste au moment où il accédait à son essence de bon roi, où il se « révélait », au détriment il est vrai de la vérité, le personnage des *Mouches*, assumant l'ordre public grâce au remords collectif, se sent lui-même comme « une coque vide » (II, II, 4), victime de l'image qu'il a imposée à ses sujets.

Jupiter, avec son nom latin, détonne dans la tragédie grecque. Une seule fois il est invoqué par son nom grec de Zeus par Oreste, lui demandant de l'éclairer sur sa décision (II, II, 4). Il y a là une **opposition** entre le **véritable Zeus,** gardien dans la mythologie de l'ordre du cosmos et des lois, et le **ridicule Jupiter**, qui ne règne que par des formules magiques et des prodiges faciles, mais exige de ses fidèles repentir et soumission, semblable, on l'a vu, à une partie du clergé catholique sous l'Occupation.

Même si la pièce peut paraître à demi-réussie par un certain excès verbal, et des thèses un peu trop voyantes, son intensité dramatique et psychologique n'est pas douteuse, et montre que le vieux mythe permet des lectures nouvelles, historiques, psychanalytiques, philosophiques, qui apparaîtront mieux dans les pièces suivantes de l'auteur.

6. Jean Giraudoux : *Amphitryon 38*

À l'époque d'*Amphitryon*, Giraudoux est l'auteur fêté d'une seule pièce, *Siegfried*, que Jouvet a monté avec un énorme succès l'année précédente (cf. page 47). En 1929, le dramaturge abandonne l'entente franco-allemande pour la mythologie gréco-romaine. Il écrit une première version de la pièce en février-mars et fait jouer la version définitive en novembre, à la Comédie des Champs-Elysées. Giraudoux a bénéficié des leçons de Jouvet, et écrit ses rôles pour des acteurs précis : Valentine Tessier joue Alcmène, Lucienne Bogaert Léda, Pierre Renoir Jupiter, Jouvet Mercure, Romain Bouquet Sosie, Allain Durthal Amphitryon, et l'inénarrable Michel Simon le Trompette.

Giraudoux s'est servi pour écrire sa pièce « des souvenirs laissés par des études abondantes, il y a quelques trente-cinq ans. » « Pourquoi *Amphitryon 38*, alors que nous sommes en 1929 ? » demandent les critiques. « Parce que c'est le trente-huitième que l'on écrit », répond l'auteur, qui déclare par ailleurs ne connaître que celui de Molière. En fait Giraudoux, au cours de ses études d'allemand, a dû lire l'*Amphitryon* de Kleist (cf. page 39), dont il reprend la donnée essentielle : Alcmène est le centre de la pièce, aimant son mari d'un amour idéalisé et voulant garder la pureté de son cœur. La pièce sera appréciée presque autant que *Siegfried* (elle aura 236 représentations), et connaîtra un gros succès à Berlin en 1931. La critique souligna le retour de Giraudoux à son univers romanesque, et la liberté de son inspiration, à la fois sensuelle, poétique et philosophique.

Amphitryon 38

Acte I. *Une terrasse, près d'un palais.*
Jupiter et Mercure sont descendus sur terre observer la fenêtre d'Alcmène, dont le roi des dieux est amoureux : il désire connaître l'amour humain.
Mercure lui souffle un plan : prendre la place de son mari Amphitryon, et éloigner ce dernier en l'envoyant soutenir un guerre déclarée « par un pays ami » (1). Sosie bavarde avec le Trompette chargé de « sonner la paix », « intervalle entre deux guerres ». Un guerrier, suscité par Mercure,

annonce alors que les Athéniens menacent les Thébains, et fait l'éloge de la guerre : nouvelle sonnerie du Trompette (2).
Amphitryon paraît. Alcmène et lui se disent adieu amoureusement ; elle se dit rassurée par la guerre, qui empêchera son mari de la tromper (3). Mercure, sous les traits de Sosie, porte un message d'« Amphitryon » : celui-ci (en fait Jupiter) reviendra la nuit suivante, le champ de bataille étant proche (4). Mercure donne des conseils d'humanité à Jupiter déguisé en Amphitryon : d'habitude le dieu se métamorphose en créature non humaine pour séduire les mortelles. Il aime les femmes fidèles, dont il veut éprouver la vertu (5). Jupiter frappe à la porte d'Alcmène, en se présentant en amant. Alcmène ne consent à lui ouvrir qu'en mari, et sous serment de fidélité (6).
Acte II. *Obscurité complète.*
Mercure a pour mission de prolonger la nuit, tandis qu'Alcmène conçoit des œuvres de Jupiter un demi-dieu ; il invite le soleil à se lever. Par ailleurs il a suggéré à Amphitryon de paraître à l'aurore (1). Alcmène réveille Jupiter ; ils ne sont d'accord sur rien : Jupiter a trouvé la nuit « divine », Alcmène simplement « agréable » ; il fait l'éloge du paysage : savait-il ce qu'il faisait en créant le monde ? répond-elle. Aimerait-elle être immortelle, avoir un fils demi-dieu ? Alcmène ne craint pas la mort, et désire un fils faible. Jupiter veut lui révéler les rapports des dieux et des hommes : Alcmène lui parle de sa servante qui est enceinte...Elle lui dit adieu d'un ton moqueur (2).
Jupiter, las et voûté, avoue à Mercure qu'il est amoureux d'Alcmène, incarnation de l'humanité. Mercure a déjà annoncé au monde que le dieu reviendra la voir le soir même. Jupiter le prie de la préparer à sa visite en tant que dieu (3). Ecclissé, la nourrice d'Alcmène, vient la féliciter de son bonheur, puis dépeint aux habitants de Thèbes en liesse la tenue d'apparat de la jeune femme. Elle annonce la visite de Léda, elle aussi séduite autrefois par Jupiter sous forme de cygne. Alcmène ne comprend rien à tout cela (4). Mercure vient la prévenir de la venue de Jupiter. Or, Alcmène a beau aimer les dieux, elle refuse de le recevoir, ne s'en trouve pas digne et veut rester fidèle à son mari. À bout d'arguments, Mercure lui prédit la naissance d'Hercule. Ecclissé annonce la visite de Léda (5). Léda explique à Alcmène sa liaison avec Jupiter ; mais Alcmène, toujours rétive, lui demande de la remplacer. Léda comprend que le roi des dieux prendra la forme du mari d'Alcmène, « un Amphitryon plus parfait ». Ecclissé justement annonce le retour d'Amphitryon, rayonnant. Léda se prépare au stratagème (6).
Or c'est le véritable Amphitryon qui arrive, particulièrement galant ! Alcmène s'y trompe, croit que c'est Jupiter, et l'introduit dans la chambre où est Léda, en se moquant de la fatalité et de la volonté divine (7).
Acte III. *Terrasse près du palais.*
Scène de foule : les Thébains attendent Jupiter et célèbrent la fin de la guerre. Une voix céleste raconte les futurs exploits d'Hercule. Le bruit court qu'Alcmène cherche un moyen de détourner Jupiter de son projet. Elle a décidé de montrer au dieu « les imperfections du monde », sous la forme de boiteux, de paralytiques, de muets, joués par des danseuses et des chanteuses. Amphitryon arrive en courant (1), attend Alcmène. Une voix céleste prédit que le fils qu'elle va concevoir de Jupiter sera un séducteur (2). Scène d'adieu mélancolique entre les époux, qui imaginent que, pour se venger, Jupiter les métamorphosera en plantes ou en animaux. Ils regrettent une vieillesse qu'ils ne partageront pas (3).
Mercure arrive avec Jupiter, à qui il présente Amphitryon. Celui-ci, loin de vouloir offrir sa femme, comme le prétend Mercure, la défend contre le roi des dieux ; Mais Jupiter lui fait remarquer que leur conflit n'est pas de fond, mais de forme : « Il ne s'agit pas de savoir s'(il) aura Alcmène, mais comment ! » Et il éloigne le mari (4). Alcmène avoue à Jupiter qu'il ne lui déplaît pas, mais qu'elle a d'autant plus l'impression de tromper son mari. Aussi lui offre-t-elle son « amitié », « qui accouple les créatures les plus dissemblables et les rend égales. » Jupiter accepte, mais comment annoncer cela aux Thébains ? La voix céleste annonce d'ailleurs : « Adieux d'Alcmène et de son amant

> Jupiter », puis : « Adieux de Jupiter et de sa maîtresse Alcmène ». Mais Alcmène a des doutes, elle subodore que le dieu a déjà eu satisfaction. Jupiter élude, lui accorde l'oubli de cette journée et un dernier baiser (5).
> Devant le peuple apparaît le couple Jupiter-Alcmène. « Maintenant que la légende est en règle », la jeune femme demande à son mari de remercier le dieu de lui rendre sa femme intacte ; sa seule demande est qu'ils aient un fils, Hercule. La foule emplit la scène au son de la musique et des chants. Jupiter annonce son retour au ciel, et demande que les rideaux, en se baissant, laissent seuls Amphitryon et Alcmène (6).

Dès le début, le décalage de l'*Amphitryon* de Giraudoux avec ses devanciers se précise : la pièce de Plaute se déroulait devant la maison d'Amphitryon, celle de Giraudoux se passe sur « une terrasse près d'un palais », qui communique avec la chambre d'Alcmène, flanquée d'un escalier par où arrive le guerrier suscité par Jupiter, et d'une balustrade où les amants se montrent à la foule des Thébains, à la manière d'un couple royal. Un voile, qui sépare la terrasse de la chambre d'Alcmène, permet à Jupiter d'observer la jeune femme sans être vu.

Chez Plaute, Molière et Kleist, tout se passe devant le palais, d'où Amphitryon est exclu. Chez Giraudoux nous pénétrons chez Alcmène, et son époux a accès a sa chambre, qu'il va partager d'ailleurs avec Léda. C'est au contraire Jupiter qui au début frappe à la porte ! (I, 6)

L'admirable début de Molière, entre Mercure sur un nuage et La Nuit sur son char, n'étant pas repris, il n'y a pas de merveilleux ni de machines, simplement le soleil qui essaie ses rayons colorés (II, 1), ce qui permet à l'éclairagiste de jolis effets de lumière. Par ailleurs la pièce s'ouvre au paysage et au cosmos, ce qui lui donne un arrière-fond méditerranéen, en accord avec les propos de Jupiter (II, 2). Dans la pièce de Plaute, l'environnement était différent : le navire qui transportait le général et son pilote suggérait la proximité de Thèbes avec la mer, fantaisie géographique surprenante.

L'*Amphitryon 38* de Giraudoux fonctionne comme une inversion de celui de Plaute. Des modifications importantes en effet orientent la pièce dans de nouvelles directions.

Les **confrontations entre doubles**, Mercure et Sosie, Jupiter et Amphitryon, n'intéressent pas Giraudoux. La première, source d'effets comiques faciles et de coups de bâton, disparaît ; tout au plus voit-on Mercure sous l'apparence de Sosie annonçant à Alcmène incrédule la venue secrète d'Amphitryon, pour la nuit même (I,4).

Giraudoux ne reprend pas davantage les scènes amoureuses entre valets, de l'invention de Rotrou et Molière. Par contre **Sosie**, devenu un porte-parole éloquent de son maître, forme un couple très giralducien avec le Trompette, dans deux scènes symétriques, à l'acte I et à l'acte III.

Dans la première (I, 2), Sosie est chargé d'une sorte de « discours aux vivants » sur les bienfaits de la paix, qui fait songer au fameux « discours aux morts » de *La Guerre de Troie n'aura pas lieu*. Amphitryon a, en effet, « remplacé l'ordre du jour par l'ordre de nuit...sur l'urbanisme, sur les dieux. Toutes sortes de conseils d'urgence. Ce soir il leur parle de la paix ». Autrement dit, Sosie, curieusement, comme si son rôle dans l'intrigue était devenu inutile, devient le porte-parole de l'auteur, ancien combattant de la guerre de 14-18 devenu antimilitariste. **Sosie est en quelque sorte le précurseur d'Hector.**

Mais un étrange guerrier, suscité par Jupiter sur le conseil de Mercure, archétypal à souhait, se livre aussitôt à un éloge détaillé de la guerre.

Dans sa deuxième scène (III, 1), Sosie a un rôle plus effacé. Juste au moment où il va, toujours en compagnie du Trompette, faire une proclamation sur les femmes, il est interrompu par la Voix du ciel qui prédit les exploits futurs d'Hercule. Sosie désormais devient l'expression de la foule de Thèbes en liesse, protestant contre la morosité d'Alcmène et faisant, sans le savoir, le jeu des dieux.

Symétriquement, **le rôle de Mercure change**. Tout en restant l'entremetteur des amours de Jupiter, il abandonne son aspect cynique et hautain avec le pauvre Sosie. Tout au plus continue-t-il à mépriser les hommes, mais au niveau des idées générales, non des personnes : « Si les dieux se mettent à engager avec les humains des conversations et des disputes individuelles, les beaux jours sont finis. » (III, 4)

Son rôle est développé autrement. Dans la première scène de la pièce il sert d'auditeur complaisant aux confidences amoureuses de Jupiter. Mais il ne se contente pas de ce rôle passif : c'est lui qui à la fin de la scène suggère au roi des dieux de faire apparaître le guerrier et d'envoyer Amphitryon au combat. Ainsi la situation de Plaute est-elle inversée : Jupiter profitait de la campagne d'Amphitryon contre les Téléboens, ici, il la suscite.

Dans la scène 5 de l'acte I, Mercure devient le **conseiller en comportement humain** d'un Jupiter hésitant et mal à l'aise dans ses habits d'Amphitryon : c'est la première fois en effet que le roi des dieux prend une forme humaine pour séduire une mortelle. Giraudoux, dans cette scène parfaitement originale, oppose le comportement fatigué et veule des humains à l'éternelle perfection des apparences, des manières et des opinions divines.

La première scène de l'acte II voit de nouveau Mercure en scène, comme s'il était chargé des intermèdes : c'est qu'il va servir d'**intermédiaire** entre tous les personnages : il joue les valets fidèles pour éveiller son maître à l'aurore, rappelle au soleil de se lever après une nuit prolongée, recueille les impressions désabusées du roi des dieux après sa nuit d'amour (II, 3), l'avertit qu'il a pris sur lui de pousser Thèbes aux réjouissances, conseille à Alcmène d'accepter une entrevue avec Jupiter en personne, et tente de la persuader d'assumer son destin divin. On le voit, **le dieu moqueur de Plaute est devenu un homme à tout faire habile en paroles**, qui a ses entrées partout, assez séduisant pour qu'Alcmène « caresse son bras nu, touche son visage. » Il faut dire qu'à ce moment, il a renoncé à son apparence de Sosie, ce qui est plus flatteur.

L'**Amphitryon** de Plaute et de Molière, que l'on voit pour la première fois sur la scène à son retour de la bataille, tour à tour agressif avec son valet dont il ne comprend pas les propos, déçu de l'accueil de sa femme, inquiet et jaloux d'un possible rival, et finalement terrassé par la foudre de Jupiter, rayonne chez Giraudoux de tendresse amoureuse. On le voit dans deux scènes, dont la première se passe avant la bataille et non après, disant un émouvant adieu à sa chère femme. **C'est que le couple humain est le sujet favori de Giraudoux**, reparaissant dans chacune de ses œuvres, du couple parfait Alcmène-Amphitryon au couple chancelant de *Sodome et Gomorrhe*. Dans cet entretien amoureux qui commence par ces répliques qui donnent le ton : « Je t'aime, Amphitryon. – Je t'aime, Alcmène. » (I,3), on voit une **Alcmène** se moquer gentiment de son mari en armure, de sa façon de faire la guerre ; mais en même temps, elle considère la guerre comme une amie parce qu'elle est la seule maîtresse dont elle ne soit pas jalouse. Il y a là comme le pendant souriant des futurs adieux d'Hector et d'Andromaque dans *La Guerre de Troie n'aura pas lieu* (voir page 55).

Cependant, Alcmène a beau se vanter de pouvoir reconnaître son cher époux même s'il était métamorphosé en arbre ou en poisson, elle va, troublée par Jupiter, confondre désormais le dieu et le mari ; non qu'elle préfère, comme l'Alcmène de Kleist, le mari idéal au mari réel, mais sans doute la métamorphose du dieu en homme est-elle trop bien réussie. Jupiter en effet, grâce aux conseils de Mercure, n'est devenu que trop humain : au sortir de la chambre d'Alcmène (II, 3), il a des rides, il est amoureux. Pour la première fois il se sent victime du conflit entre les dieux et les hommes ; les rôles sont inversés, ce ne sont plus les dieux qui soufflent leurs comportements et leurs inventions aux hommes, ce sont les hommes qui résistent aux dieux : « Alcmène, la tendre Alcmène…est le vrai Prométhée ».

Dans leur deuxième entrevue au IIIe acte, Alcmène, toujours vertueuse mais moins farouche, offre son amitié au dieu et accepte des adieux officiels pour faire plaisir aux Thébains. Mais elle ne sait pas qu'elle attend déjà Hercule, que celui qu'elle appelle « Jupiter chéri » a déjà été son amant. Ainsi Jupiter est-il conforme à son rôle ; tout au plus accorde-t-il l'oubli à Alcmène pour sauver son honneur, et fait-il croire aux époux que leur futur fils est bien d'Amphitryon.

Toutes ces analyses font deviner le caractère d'Alcmène : heureuse de sa condition et de son mariage, bonne ménagère, sensuelle sans puritanisme, de naturel enjoué. Elle n'est pas sensible à la culpabilité, au sens du péché, comme l'héroïne de Kleist. Souriante et moqueuse avec les humains, elle l'est aussi avec les dieux. Courageuse, elle ne craint pas la mort, « enjeu de la vie ». Bref son agnosticisme* ressemble beaucoup à celui de Giraudoux.

On le voit, *Amphitryon 38* est assez loin de ses modèles. On admire chez son auteur la puissance et l'aisance à renouveler un mythe si connu, si souvent traité. Mais il faut croire qu'un sujet concernant un couple humain fidèle l'a plus touché que de laborieuses variations sur le thème du double, même si c'est à travers ces dédoublements qu'il a pu traiter son sujet favori.

7. Jean Cocteau : *Orphée*

Cocteau écrivit *Orphée* l'été 1925. La pièce fut créée par les Pitoeff en septembre. Le poète est alors sous l'empire de l'opium, et connaît des crises qui se dénouent par une intense activité créatrice, en particulier poétique. C'est ainsi qu'il écrit un long poème, recueilli dans *Opéra* (1925-1927), intitulé « L'Ange Heurtebise », qui est à la fois un jeune homme charmant évoquant Raymond Radiguet, un magicien, et un ange gardien ; figure sans doute empruntée à l'univers du poète autrichien Rainer Maria Rilke (1875-1926) dans ses *Elégies de Duino* et surtout ses *Sonnets à Orphée* (1922).

Cocteau, par ailleurs s'identifie à Orphée, le poète par excellence, déchiré par les Bacchantes, les Bacchantes étant ici les Surréalistes, dont il accompagne les recherches, tout en s'en démarquant rapidement. En même temps il fréquente le philosophe chrétien Jacques Maritain et sa femme Raïssa, et sous leur influence, revient, pour un temps, au christianisme de son enfance. Toutes ces influences peuvent expliquer le choix du mythe d'Orphée et la métamorphose qu'il lui fait subir dans sa pièce, avec l'ange Heurtebise comme meneur de jeu : « L'Orphée de Cocteau était un poète surréaliste qui prenait son inspiration chez le diable (le cheval frappeur dans la pièce) et finissait par se convertir, adressant à Dieu une prière qui ravissait Maritain[1]. ».

Orphée[2]

Orphée, Eurydice, le cheval.
Orphée a ramené un cheval mystérieux chez lui, qui lui dicte, en tapant du pied, cette phrase étrange : « Madame Eurydice reviendra Des Enfers ». Il se dispute avec sa femme, jalouse du

---

1. F. Steegmuller, *Cocteau*, p. 270
2. La pièce ne comporte pas d'actes.

cheval, et irritée par Aglaonice, du groupe poétique des Bacchantes, avec qui il est en concurrence pour un concours. Eurydice casse un carreau chaque jour, ce qui lui permet d'appeler le vitrier Heurtebise, qui arrive justement au même moment (1, 2).
Eurydice, Heurtebise, puis Orphée.
Heurtebise, qui veille sur Eurydice, lui remet de la part d'Aglaonice, un sucre empoisonné pour le cheval, en échange d'une lettre que doit lui faire parvenir Eurydice ; Aglaonice a fourni une enveloppe. Au moment où Heurtebise va donner le sucre au cheval, Orphée rentre. Le vitrier monte sur une chaise pour prendre des mesures. Orphée prend la chaise pour prendre un document dans la bibliothèque, mais le vitrier reste en l'air ! (3,4)
Eurydice, Heurtebise.
Eurydice, stupéfaite, demande des explications à Heurtebise, qui élude ses questions. Puis elle reprend la lettre pour Aglaonice, la met dans l'enveloppe, lèche la colle, qui a « un drôle de goût ». Au moment où Heurtebise s'en va, elle chancelle, paralysée, et supplie Heurtebise de ramener Orphée. (5)
La Mort, Azraël, Raphaël.
La Mort, en robe de bal, entre par le miroir avec ses deux aides. Elle donne le sucre empoisonné au cheval, puis se livre à une sorte d'opération sur Eurydice avec une machine étrange ; une colombe s'envole. Le trio repart. (6)
Orphée, Heurtebise.
Orphée découvre l'absence du cheval et d'Eurydice. Il décide de l'arracher aux enfers. Heurtebise lui conseille, pour pouvoir s'y rendre, de mettre les gants de caoutchouc que la Mort a oubliés, et de passer à travers le miroir pour les lui rapporter. (7)
Heurtebise seul, puis le facteur.
Le facteur dépose une lettre sous la porte (8)
Le rideau de l'intervalle tombe lentement et se relève tout de suite.
Heurtebise, le facteur.
Même jeu. (8 bis)
Heurtebise, Orphée, puis Eurydice.
Orphée remercie Heurtebise en lui disant : « Vous êtes un ange. » Eurydice sort du miroir. Mais Orphée n'a pas le droit de la regarder, sinon, elle disparaît. Ils invitent Heurtebise à déjeuner. Orphée raconte son voyage : une dame invisible l'a remercié pour les gants, puis il est reparti, suivi d'Eurydice.
Les deux époux recommencent à se disputer. Orphée manque se retourner vers Eurydice plusieurs fois. Finalement il veut partir, mais Eurydice, en voulant le retenir, le fait tomber : Orphée la regarde, elle disparaît dans l'obscurité.
Orphée, furieux, prétend l'avoir fait exprès, accuse Heurtebise de l'avoir courtisée. Il ramasse la lettre anonyme déposée par le facteur : quelqu'un l'avertit que le jury littéraire des Bacchantes, dont fait partie Aglaonice, a été offensé par l'ensemble des lettres qui commencent les mots de la phrase : « Madame Eurydice Reviendra Des Enfers » (M.E.R.D.E.). Les Bacchantes, déchaînées, veulent sa mort. Des pierres tombent dans la chambre par la fenêtre, brisent le miroir. Orphée se précipite vers le balcon. Ténèbres. Tout à coup la tête d'Orphée vole dans la chambre. (9)
Heurtebise, la tête d'Orphée, puis Eurydice.
La tête d'Orphée se plaint, appelle Eurydice. Celle-ci apparaît, entraîne Orphée invisible à travers le miroir. (10)
Heurtebise, la tête d'Orphée, puis le Commissaire de police, le Greffier.
Le Commissaire de police interroge Heurtebise : où est la femme de la victime ? Où est le corps ? Il a été déchiqueté par les Bacchantes, répond Heurtebise. Le Commissaire réplique que, au milieu du triomphe posthume fait à Orphée, les Bacchantes, voulant le conspuer, l'on vu tomber

> ensanglanté et criant au secours par la fenêtre. Il y a eu échauffourée. Finalement Heurtebise, ne pouvant répondre à l'interrogatoire d'identité du commissaire, est appelé par Eurydice à les rejoindre, elle et Orphée, à travers le miroir. (11)
> *La tête d'Orphée, le Commissaire, le Greffier.*
> Le commissaire continue son interrogatoire : c'est la tête d'Orphée qui répond, avec l'identité de l'auteur ! Il s'aperçoit de la disparition mystérieuse d'Heurtebise, et sort avec le Greffier, emportant le buste. (12)
> *Eurydice, Orphée, Heurtebise.*
> Tous trois reviennent par la glace, s'asseyent à table. Orphée remercie Dieu d'avoir ouvert son paradis, envoyé Heurtebise leur ange gardien, sauvé Eurydice, « parce que, par amour, elle a tué le diable sous la forme d'un cheval et qu'elle en est morte », et de l'avoir sauvé, lui, parce qu'il adore la poésie, et que la poésie c'est Dieu. Ils déjeunent.

De la légende antique, Cocteau a conservé les épisodes les plus connus : le poète Orphée allant chercher sa femme morte aux enfers et la ramenant sur terre sans pouvoir la regarder, Orphée mis en pièces par les Bacchantes, et sa tête chantant toute seule.

Mais il a évidemment **modernisé le cadre** : Orphée et Eurydice forment un ménage petit bourgeois qui se dispute régulièrement, en particulier à propos du cheval qui dicte son inspiration à Orphée en tapant du pied, un peu comme une table tournante. Le cheval rappelle Pégase, le cheval ailé de la mythologie, symbole de l'inspiration poétique. Mais ici il est l'incarnation du diable, et il doit mourir pour qu'Orphée redevienne lui-même : « L'envoûtement du cheval est fini. Orphée se transfigure. » (scène 9). À moins qu'il ne soit une allégorie de l'opium, dont le poète essayait de secouer l'emprise.

Le thème de la vitre et du miroir est fondamental dans cet univers : Eurydice casse un carreau par jour pour faire venir le vitrier, qui est en fait l'ange gardien du couple, et une figure du monde poétique de l'auteur (voir plus haut). Le miroir est essentiel comme passage vers l'au-delà : par lui la Mort entre, Eurydice et Orphée sortent. Le miroir est brisé par les Bacchantes.

Cocteau a transposé habilement certains aspects du mythe : **les Bacchantes**, terribles suivantes de Dionysos, qui dépecèrent Orphée parce qu'il méprisait leurs consolations après la mort d'Eurydice, et désapprouvait leurs transports sur les montagnes (cf. page 41), deviennent ici un groupe de redoutables poétesses, qui organisent des concours littéraires, et se vexent du poème à double sens dicté par le cheval (qui contient le mot de Cambronne en acrostiche)*. La tête d'Orphée chantant toute seule sur l'Hébros se retrouve dans le buste qui parle ; mais l'impression de vide dont il se plaint, les douleurs qu'il éprouve, sont bien celles de l'auteur.

Le serpent qui tua Eurydice poursuivie par Aristée dans l'herbe, est transposé dans l'enveloppe envoyée par Aglaonice et dont la colle est empoisonnée ; les Bacchantes deviennent ainsi les responsables de sa mort, et non pas de celle d'Orphée seul. Le poison joue d'ailleurs un rôle actif, puisque la Mort tue le cheval avec un sucre empoisonné préparé par Heurtebise.

L'originalité de Cocteau réside surtout dans **la création de deux êtres qui ne figurent pas dans la légende** : **Heurtebise** d'abord, dont la douceur, la gentillesse, et l'absence d'identité précise se comprennent quand il se révèle être un ange ; et surtout **la Mort**, splendide jeune femme, et non pas squelette armé d'une faux, qui s'en explique ainsi : « si j'étais comme les gens veulent me voir, ils me verraient. Et je dois entrer chez eux sans être vue. » (scène 6)

La Mort apparaît comme une sorte de chirurgien, flanqué de deux aides (deux anges, étant donné leurs noms, Azraël et Raphaël), qui en quelque sorte, avec une machine compliquée, « opère » Eurydice de son âme, figurée comme une colombe, analogue au Saint-Esprit dans la tradition chrétienne.

Orphée aussi, revenant de l'au-delà, parle « d'opération ». C'est Cocteau qui parle à travers lui quand il explique : « J'ai le vague souvenir d'un de mes poèmes que je récite pour me tenir éveillé et de bêtes immondes qui s'endorment. Ensuite un trou noir. »

Le prétexte proposé par Heurtebise pour aller voir la Mort, lui rapporter ses gants, est amusant et nous renvoie avec humour à la vie quotidienne.

La fin de la pièce, avec le commissaire et le greffier, nous ramène dans une atmosphère pseudo-réaliste, qui fait penser aux films de l'époque. S'y exprime une culpabilité latente qui est celle du poète, d'ailleurs présente dans la scène 12 par la bouche de la tête d'Orphée, quand c'est le poète lui-même qui décline son identité de suspect.

La transformation essentielle que Cocteau fait subir au mythe **est qu'il fait revenir Eurydice définitivement des enfers, grâce à Heurtebise**. Appliquant en surimpression le christianisme sur la mythologie, il interprète la mort de la jeune femme comme l'œuvre du diable, et son retour comme celle de Dieu, Dieu identifié à la poésie.

Cette œuvre, dont Cocteau indique soigneusement la mise en scène dans une note, afin de lui donner son maximum d'efficacité, est un concentré de l'univers du poète à l'époque où elle fut écrite. Beaucoup plus tard, en 1949, Cocteau devait donner une version cinématographique de cette œuvre, ou plutôt un considérable élargissement, grâce aux possibilités du cinéma. Maria Casarès y figurait la princesse, une Mort inoubliable, qui déambulait dans des ruines grandioses figurant l'enfer ; le poète était dédoublé entre deux figures, le jeune Cégeste, qui meurt au début, et Orphée, qui écoute des messages poétiques à la radio ; Heurtebise était devenu le chauffeur de la Princesse. Orphée, au lieu de lutter avec la mort, la combattait désespérément. Le film eut un grand succès, et a aujourd'hui effacé dans les mémoires la charmante pièce de 1925.

De toute façon, nul héros mythologique ne pouvait mieux incarner le poète, si l'on en croit l'auteur lui-même :

> Personne ne voudrait croire à un poète célèbre dont un auteur aurait inventé le nom. Ce qu'il fallait c'était un chanteur, le chanteur des chanteurs. Celui de Thrace ! Et son aventure est si merveilleuse qu'il serait absurde d'en chercher une autre. C'est le tissu sur lequel j'ai brodé.
> (Texte de présentation du film, cité par F. Steegmuller, p. 349)

GLOSSAIRE

Acrostiche : poème dans lequel les premières lettres de chaque vers, lues de haut en bas, constituent un nom ou un mot choisi par l'auteur.

Aède (« chanteur ») : poète et récitant épique au temps d'Homère.

Agnostiscisme : thèse selon laquelle la connaissance de l'absolu — en particulier de Dieu — n'est pas accessible à l'homme ; attitude de celui qui refuse de trancher la question de l'existence de Dieu.

Allégorie : représentation d'une idée ou d'un système par des éléments descriptifs et narratifs.

Archétype : modèle, type primitif d'une chose.

Catharsis (« purification ») : selon Aristote (Poétique), fonction de la tragédie qui consiste en une libération des passions chez le spectateur, grâce à la représentation d'émotions violentes (terreur et pitié) lors du spectacle dramatique.

Chœur : groupe de douze, puis quinze choreutes, chanteurs et danseurs, exécutant sur l'orchestra les parties lyriques d'une pièce, sous la direction du choryphée.

Comédie (de ôdé, « chant », et cômos, « cortège de Dionysos ») : pièce de théâtre qui se propose de divertir par la satire des individus, des caractères ou des mœurs.

Cosmologie : théorie(s) explicative(s) de la formation de l'univers.

Deus ex machina (en latin, « dieu (descendant) de la machine », c'est-à-dire symboliquement venant du ciel) : dénouement miraculeux d'une intrigue.

Dithyrambe : chant en l'honneur de Dionysos.

Drame satyrique : pièce comique qui clôturait les trilogies, avec un chœur composé de satyres (êtres mi-hommes mi-boucs faisant partie du cortège de Dionysos).

Enthousiasme (de en, « dans », et théos, « dieu ») : possession divine.

Epinicie (de épi, « sur » et niké, « victoire ») : chant de louange en l'honneur d'un gagnant aux jeux sportifs (jeux Olympiques, Pythiques, etc.)

Episode : passage dialogué d'une pièce entre deux *stasima* (pluriel de *stasimon*).

Epopée : long poème où le merveilleux se mêle au vrai, la légende à l'histoire, célébrant un héros ou un haut fait.

Erinyes : déesses redoutables qui poursuivent le meurtre et les attentats contre la parenté ; elles peuvent devenir les Euménides (cf. la pièce de ce titre d'Eschyle), les « Bienveillantes », comme à Athènes.

Esotérisme : thèse selon laquelle l'accès à certaines connaissances fondamentales est réservé à un petit nombre d'initiés.

Exergue (de *ex ergon*, « hors d'œuvre ») : citation, court passage qui précède une œuvre.

Existentialisme : doctrine philosophique selon laquelle l'existence de l'homme précède son essence, en lui laissant la responsabilité et la liberté de devenir ce qu'il est. Oreste, dans *Les Mouches* de Sartre, illustre cette doctrine.

Exodos (« sortie » du chœur) : dernière partie dialoguée de la tragédie, à la fin de laquelle le chœur sortait de l'orchestra.

Exogamie : règle sociale — souvent implicite — selon laquelle on doit épouser un(e) partenaire appartenant à une famille ou à un groupe social différent du sien.

Fable (latin *fabula*) : à l'origine récit où domine l'imaginaire, d'où le sens à l'époque classique de « mythologie » (la Fable, avec une majuscule, est l'ensemble des mythes) ; s'est ensuite spécialisé dans le sens restreint de court récit destiné à illustrer une moralité : les *Fables* de La Fontaine.

Fatum : nom latin du destin (cf. *fate* en anglais).

Hadès : autre nom de Pluton, dieu des enfers ; les Enfers eux-mêmes.

Héraut : messager, chargé des annonces publiques.

Hexamètre (de *hex*, « six », et *metron*, « mesure ») : vers de six pieds (composés de syllabes longues et brèves suivant des schémas établis), employé dans l'épopée.

Hiératique : qualifie l'attitude austère qui est en général celle des prêtres lors d'une cérémonie.

Hybris (« démesure ») : tout sentiment excessif, en particulier l'orgueil, l'insolence, l'emportement, et plus généralement le désir de s'égaler aux dieux.

Initiatique (épreuve) : épreuve qui permet l'admission à un groupe social ou à une fonction dans une société donnée.

Légende : récit populaire traditionnel concernant des faits ou des personnages réels, mais modifiés par l'imagination.

Logos : en grec la « raison » ; s'oppose au *mythos*, récit fabuleux.

Lyrisme : poésie chantée en s'accompagnant de la lyre, exprimant des sentiments personnels ou collectifs ; s'oppose à la poésie épique et dramatique.

Ménades, ou **Bacchantes** : femmes du cortège de Dionysos, se livrant à des danses échevelées.

Métempsychose : doctrine de la réincarnation de l'âme.

Mise en abyme : procédé qui consiste à inclure dans une œuvre une scène où un élément qui évoque l'œuvre dans son ensemble.

Nécromancie : science occulte qui, par l'invocation des morts, prétend obtenir des informations relatives au destin des vivants.

Nostos : en grec « retour » ; d'où : genre de récit épique narrant le retour des héros de la guerre de Troie vers leur pays d'origine (l'*Odyssée* est un nostos).

Parodos : « arrivée » du chœur dans une pièce de théâtre après le prologue.

Pathétique (de *pathos*, « émotion ») : qui produit une émotion violente.

Phénoménologie : philosophie de Husserl qui se propose de décrire les actes de pensée par lesquels nous atteignons les objets logiques ou de perception.

Philologie : étude des langues à travers l'étude critique des textes.

Philosophes présocratiques : philosophes grecs du VIe-Ve siècles, préoccupés de la constitution de l'univers, et non, comme Socrate, du sort de l'homme.

Prologue : scène d'exposition sous forme de monologue ou de dialogue, avant l'arrivée du chœur (*parodos*).

Protagoniste : « premier acteur », d'où acteur principal.

Skéné : (latin *scaena*, d'où scène en français), construction légère dominant l'orchestra, percée de trois portes, et servant de coulisse et de décor.

Sophiste : maître de rhétorique et de philosophie, habile à défendre des thèses opposées.

Sphinx : monstre fabuleux, formé d'un buste et d'une tête de femme, d'un corps de lion et d'ailes d'oiseau, posté aux portes de Thèbes, qui dévorait les voyageurs s'ils ne résolvaient pas les énigmes qu'il posait. Œdipe lui échappa en donnant la bonne réponse : « l'Homme », à l'énigme suivante : « Quel est l'être qui marche à quatre pattes au matin, à deux pattes à midi, à trois pattes le soir ? » Le Sphinx (ou plutôt le Sphinx) se suicida.

Stasimon : chant du chœur entre deux épisodes dialogués.

Stichomytie (dialogue) : dialogue où les protagonistes se répondent vers par vers.

Surréalisme : doctrine artistique et littéraire du début du XXe siècle, élaborée par André Breton, qui se propose de mettre en valeur les pouvoirs du hasard et de l'inconscient.

Symbolisme : doctrine littéraire et artistique de la fin du XIXe siècle, qui met en valeur l'aspect symbolique, mystérieux, des choses et des êtres.

Tragédie (« chant du bouc », de *tragos*, « bouc », et *ôdé*, « chant », sans doute parce que le bouc était l'animal sacrifié à Dionysos) : genre dramatique né dans la Grèce antique, mêlant dialogues et chants, représentant les malheurs de personnages légendaires ou historiques, et éveillant chez le spectateur terreur et pitié.

Trilogie : ensemble de trois pièces qui se suivent sur une légende commune ; l'*Orestie* d'Eschyle est la seule qui nous soit parvenue intacte.

ns aux mythologies, « Thèmes et études », Ellipses,
BIBLIOGRAPHIE

Sur le mythe

C. CARLIER, N. GRITON-ROTTERDAM, *Des mythes aux mythologies*, « Thèmes et études », Ellipses, 1994.
R. GRAVES, *Les mythes grecs*, « Pluriel », Fayard, 1967, 2 volumes.
P. GRIMAL, *Dictionnaire de la mythologie grecque et romaine*, P.U.F., 1990.

Sur l'histoire du théâtre grec et romain

P. DEMONT, A. LEBEAU, *Introduction au théâtre grec antique*, Livre de poche, 1996.
J.-C. DUMONT, M.-H. FRANÇOIS-GARELLI, *Le Théâtre à Rome*, Livre de poche, 1998.
F. DUPONT, *L'Acteur roi, le théâtre dans la Rome antique*, « Realia », Belles lettres, 1986. *Le Théâtre latin*, A. Colin, 1988.
O. GOT, *Le Théâtre antique*, « Thèmes et études », Ellipses, 1997.
F. NIETZSCHE, *La Naissance de la tragédie*, « Folio », Gallimard.
J. de ROMILLY, *La Tragédie grecque*, P.U.F., 1990.
J.-P. VERNANT, P. VIDAL-NAQUET, *Mythe et tragédie en Grèce ancienne*, 2 vol., La Découverte, 1972 et 1986.

Textes

HOMÈRE, *Iliade* en édition de poche : trad. de M. Meunier, Livre de poche ;
   P. Mazon, Folio ; E. Lasserre, G.F.
Odyssée en édition de poche : trad. de V. Bérard, Folio ; M. Dufour et J. Raison, G.F. ;
   Ph. Jaccottet, La Découverte.
HESIODE, *La Théogonie*, trad. d'A. Bonnafé, Rivages poche/Petite Bibliothèque, 1993.
ESCHYLE, *Théâtre*, trad. P. Mazon, Folio ; E. Chambry, G.F.
SOPHOCLE, *Théâtre*, trad. P. Mazon, Folio ; R. Pignarre, G.F.
EURIPIDE, *Théâtre*, trad. M. Delcourt, Folio, 2 vol. ; H. Berguin et G. Duclos, G.F.
ARISTOPHANE, *Comédies*, trad. V.-H. Debidour, Folio, 2 vol.
PLAUTE, *Théâtre*, trad. P. Grimal, Folio ; J.B. Levée, G.F.
TERENCE, *Comédies*, trad P. Grimal, Folio ; Nisard, G.F.
SENEQUE, *Théâtre*, trad. Fl. Dupont, « Le Spectateur français », Imprimerie nationale, 1991.

Sur le théâtre du XXe siècle

M. CORVIN, *Dictionnaire encyclopédique du théâtre*, Bordas, 1991.
F. EVRARD, *Le Théâtre français du XXe siècle*, « Thèmes et études », Ellipses, 1995.
G. VERSINI, *Le Théâtre français depuis 1900*, « Que sais-je ? » P.U.F., 1970.

1. Le Mythe de la guerre de Troie

Sur Homère

G. GERMAIN, *Homère*, « Ecrivains de toujours », Seuil, 1958.
J. de ROMILLY, *Homère*, « Que sais-je ? », P.U.F., 1992.
O. GOT, *L'Odyssée d'Homère*, « Balises », Nathan, 1994.
COLLECTIF, *Analyses et réflexions sur Homère, l'Odyssée*, (chants V à XIII), Ellipses, 1992.

La Guerre de Troie n'aura pas lieu *de Giraudoux*

Jean GIRAUDOUX, *La Guerre de Troie n'aura pas lieu*, Grasset ; Livre de poche ; Bordas ; Larousse.
Jean GIRAUDOUX, *Littérature*, Folio Essais.
J. BODY, *Jean Giraudoux, la légende et le secret*, P.U.F., 1986.
Ph. DUFAY, *Jean Giraudoux*, biographie, Juliard, 1993.
COLLECTIF, *Analyses et réflexions sur Giraudoux*, « La Guerre de Troie n'aura pas lieu », Ellipses,1989.
M. BRUMONT, *Etude sur* La Guerre de Troie n'aura pas lieu de Giraudoux, « Résonances », Ellipses, 1998.

2. Le mythe des Labdacides

A. Le personnage d'Œdipe

SOPHOCLE, *Œdipe roi*, trad. J. et M. Bollack, « Tel », Gallimard, 1997 ; V.-H. Debidour, Livre de poche ;
M. Véricel, Bordas, 1985.
C. DUBARRY-SODINI, *Etude sur* Œdipe roi *de Sophocle*, « Résonances », Ellipses, 1994.
O. GOT, Œdipe roi *de Sophocle*, « Balises », Nathan,1994.
COLLECTIF, *Analyses et réflexions sur Sophocle, "Œdipe roi"*, Ellipses, 1994.

Sur le mythe d'Œdipe

C. ASTIER, *Le Mythe d'Œdipe*, « U », Colin, 1974.
M. DELCOURT, *Œdipe ou la légende du conquérant*, Les Belles lettres, 1981
S. FREUD, *Introduction à la psychanalyse* (1917), Payot, 1962.
J.-P. VERNANT et P. VIDAL-NAQUET, *Œdipe et ses mythes*, Ed. Complexes, 1988.
A. GIDE, *Œdipe*(1930), in Théâtre, Gallimard, 1942.

La machine infernale *de Cocteau*

J. COCTEAU, *La Machine infernale*, Livre de poche ; Larousse.
D. ODIER, *Etude sur* La Machine infernale *de Jean Cocteau*, « Résonances », Ellipses, 1997.
F. STEEGMULLER, *Cocteau*, Buchet/Chastel, 1973.

B. Le personnage d'Antigone

SOPHOCLE, *Antigone*, Bordas ; Livre de poche.
RACINE, *La Thébaïde ou les frères ennemis* (1664), in Théâtre, tome 1, G.F. ; Folio.
J. COCTEAU, *Antigone* (1922), suivi de *Les Mariés de la Tour Eiffel*, Folio.
B. BRECHT, *Antigone* (1948), L'Arche.

Sur le mythe d'Antigone

S. FRAISSE, *Le Mythe d'Antigone*, « U Prisme », A. Colin, 1974.
G. STEINER, *Les Antigones*, Folio Essais.

L'Antigone *d'Anouilh*

J. ANOUILH, *Antigone*, La Table ronde, 1947 ; Bordas, 1976.
M.-F. MINAUD, *Etude sur* Antigone *d'Anouilh*, « Résonances », Ellipses, 1997.

3. Le mythe des Atrides

Le personnage d'Electre

ESCHYLE, *l'Orestie*, in Tragédies, Folio ; Théâtre complet, G.F.
SOPHOCLE, *Electre*, in Tragédies, Folio ; Théâtre complet, G.F.
EURIPIDE, *Electre*, in Tragédies, Folio ; Théâtre complet, G.F.
J. ANOUILH, *Tu étais si gentil quand tu étais petit !*, L'Avant-Scène N° 499, Juillet 1972.
J.-P. GIRAUDOUX, *Electre*, Livre de poche (avec celle de J. Giraudoux).

Hugo VON HOFMANNSTHAL, Electre, in Le Chevalier à la rose et autres pièces, Gallimard, 1979.
Eugene O'NEILL, Le Deuil sied à Electre, Théâtre complet 7, l'Arche, 1965.
P. BRUNEL, Le mythe d'Electre, Colin, 1982.
M. YOURCENAR, Electre ou la chute des masques, Théâtre II, Gallimard, 1971.

Sur le mythe d'Electre
J. GIRAUDOUX, Electre, Grasset ; Livre de poche ; Bordas (extraits).
P. d'ALMEIDA, Lire Electre de Giraudoux, Dunod, 1994.
O. GOT, Etude sur Electre de Giraudoux, « Résonances », Ellipses, 1997.

Les Mouches de Sartre
J.-P. SARTRE, Les Mouches (avec Huis clos), Folio ; Bordas (extraits).
Un théâtre de situations, textes rassemblés par M. Contat et M. Rybalka, Folio Essais.
A. BERETTA, Etude sur Les Mouches de Jean-Paul Sartre, « Résonances », Ellipses, 1997.
F. NOUDELMANN, Huis Clos et Les Mouches, « Foliothèque », Gallimard, 1993.
A. COHEN-SOLAL, Sartre, 1905-1980, Gallimard, 1985.

4. Le mythe d'Amphitryon
PLAUTE, Amphitryon, texte et trad. de Ch. Guittard, G.F., 1998 ; trad. seule, A. Flobert, Ellipses ;
   P. Grimal, Folio ; avec l'Aululaire et Le Soldat fanfaron, trad. J.-B. Levée, G.F.
MOLIERE, Amphitryon, Bordas ; Larousse ; Livre de poche ; Folio.
H. VON KLEIST, Amphitryon, Actes Sud-Papiers, 1986.

Amphitryon 38 de Giraudoux
J. GIRAUDOUX, Amphitryon 38, Livre de poche ; Bordas (extraits).
A. FAUCHEUX, Etude sur Amphitryon 38 de Jean Giraudoux, « Résonances », Ellipses, 1997.

5. Le mythe d'Orphée
OVIDE, Métamorphoses, G.F., 1966.
VIRGILE, Bucoliques-Géorgiques, Folio ; G.F.
J. ANOUILH, Eurydice (1941), suivi de Roméo et Jeannette, Folio.
R. SOREL, Orphée et l'orphisme, « Que sais-je ? » P.U.F., 1995.

Orphée de Cocteau
J. COCTEAU, Orphée, Stock, 1927 ; in Romans, poésies, œuvres diverses, Pochothèque, 1995.
M. DECAUDUN, Cocteau et les mythes, textes réunis, Revue des Lettres modernes, 1972, N° 298-303.
R. GILSON, Jean Cocteau cinéaste, Ed. des Quatre vents.

TABLE DES MATIERES

LE MYTHE ANTIQUE DANS TOUS SES ÉTATS 3

I. Un récit fabuleux 4
II. Un récit plastique...4
III. Un récit symbolique..5
IV. Des lectures plurielles...6
V. Les poètes et les mythes..7
VI. Les poèmes homériques et la guerre de Troie 8
   1. Hélène et Pâris...10
   2. Hector et Andromaque 11
   3. Priam et Hécube 11
   4. Ulysse..12
VII. Le théâtre à Athènes au VIe-Ve siècles................13
VIII. Les tragiques grecs...15
   1. Eschyle 15
   2. Sophocle...16
   3. Euripide 16
IX. Le théâtre latin 17

LES GRANDS MYTHES ILLUSTRÉS PAR LE THÉÂTRE MODERNE 19

I. La légende des Labdacides......................................19
   1. Tableau généalogique des Labdacides 19
   2. La légende d'Œdipe..19
   3. *Œdipe roi* de Sophocle 21
   4. La postérité d'Œdipe...24
   5. *Les Sept contre Thèbes* d'Eschyle 25
   6. *Antigone* de Sophocle 26
II. La légende des Atrides 29
   1. Tableau généalogique des Atrides 29
   2. Les Atrides 29
   3. Eschyle : l'*Orestie* 32
   4. Sophocle : *Electre* 33
   5. Euripide : *Electre*...33
   6. Euripide : *Oreste*...33

III. Le mythe d'Amphitryon 35
   1. L'*Amphitryon* de Plaute 35
   2. Jean Rotrou 38
   3. Molière 38
   4. Heinrich von Kleist 39
IV. Le mythe d'Orphée 40

LA RÉSURRECTION DES MYTHES DANS LE THÉÂTRE DU XXe SIÈCLE 42

   I. Le théâtre au XXe siècle 43
   II. Le retour au mythe 44
   III. Les mythes à succès 45
      1. Jean Giraudoux : *La Guerre de Troie n'aura pas lieu* 46
      2. Jean Cocteau : *La Machine infernale* 55
      3. Jean Anouilh : *Antigone* 60
      4. Jean Giraudoux : *Electre* 67
      5. Jean-Paul Sartre : *Les Mouches* 72
      6. Jean Giraudoux : *Amphitryon 38* 80
      7. Jean Cocteau : *Orphée* 85

GLOSSAIRE 90

BIBLIOGRAPHIE 92